ÉDITION **2026**

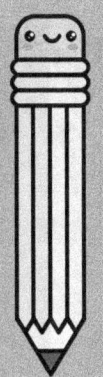

COMMENT DESSINER
KAWAII
- PROFESSIONS -

PAS À PAS

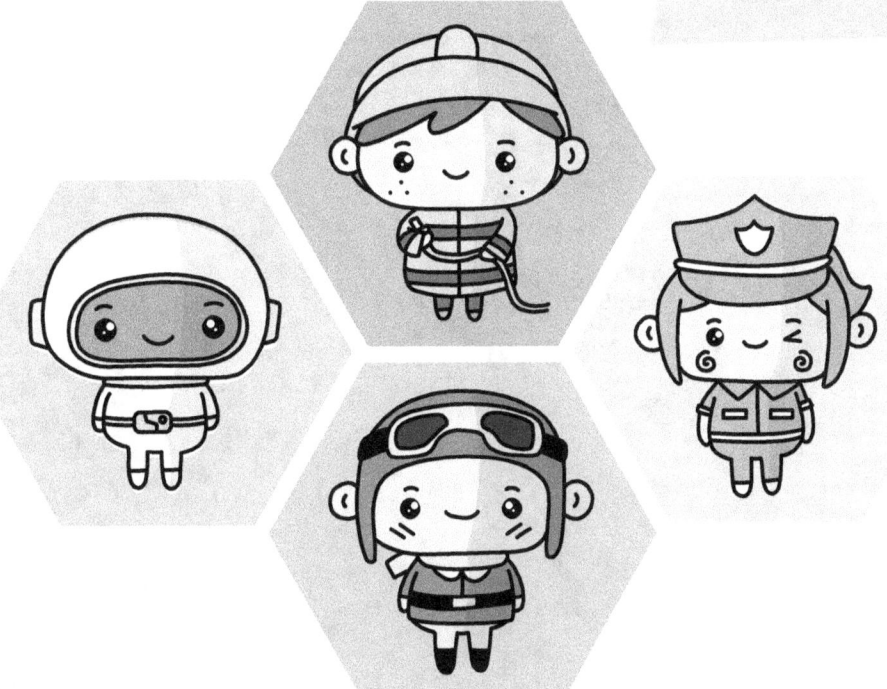

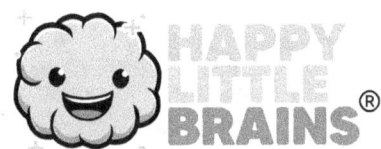

HAPPY
LITTLE
BRAINS®

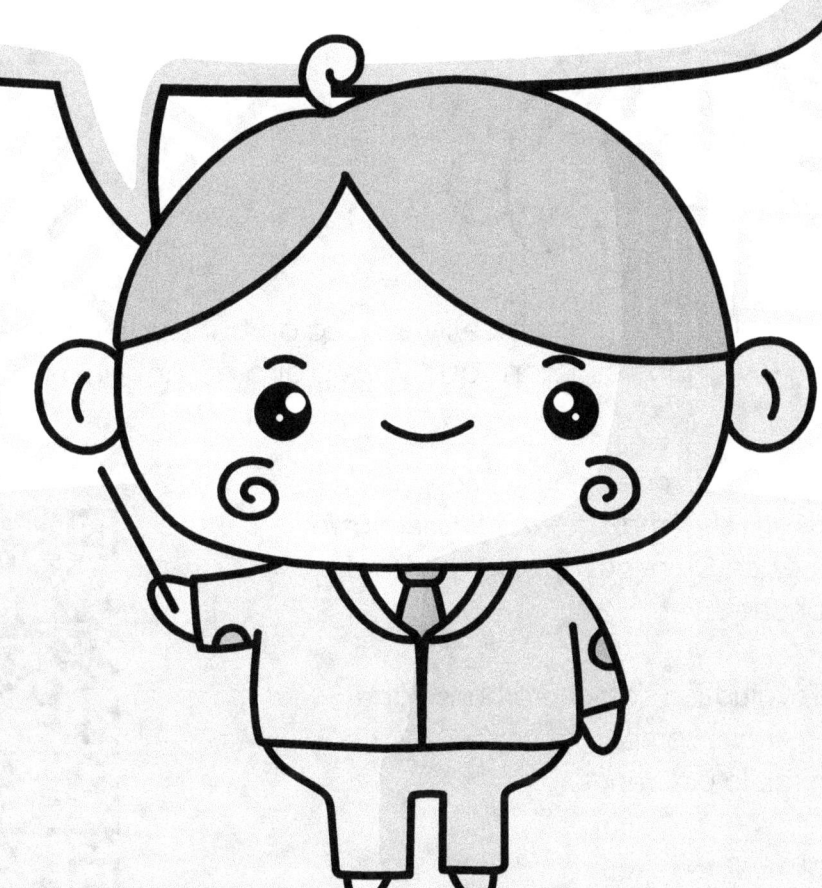

Ce livre appartient à:

....

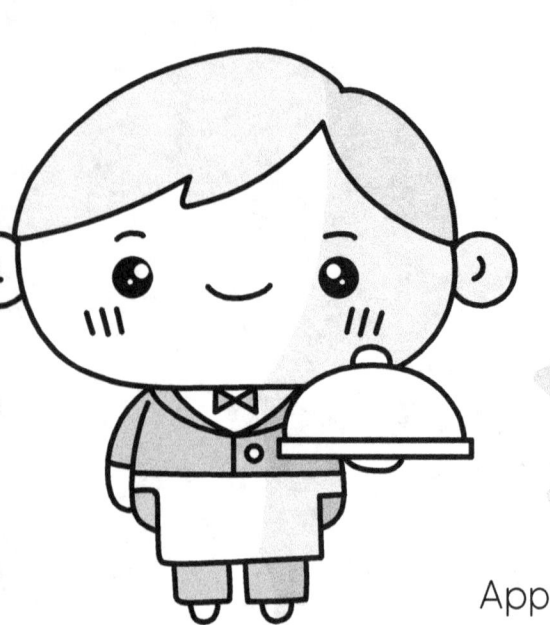

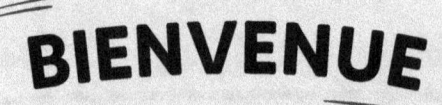

BIENVENUE

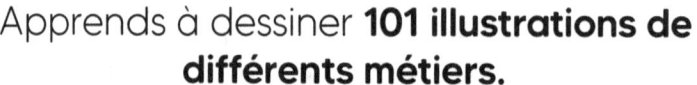

Apprends à dessiner **101 illustrations de différents métiers.**

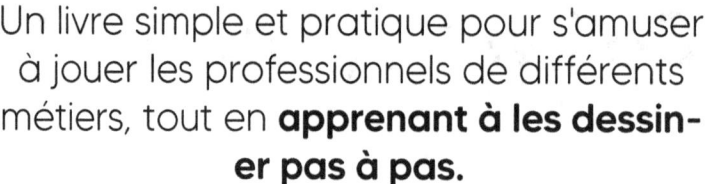

Un livre simple et pratique pour s'amuser à jouer les professionnels de différents métiers, tout en **apprenant à les dessiner pas à pas.**

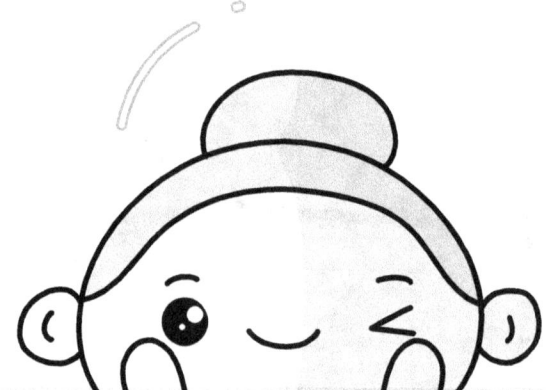

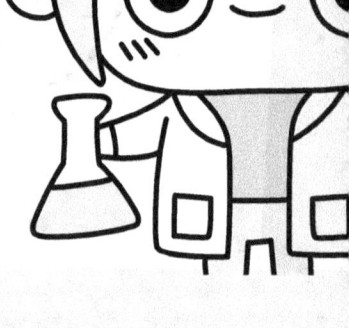

Nous avons créé ce livre avec amour et dévouement et nous espérons qu'il vous plaira autant qu'à nous.

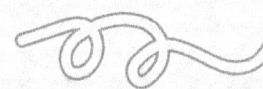

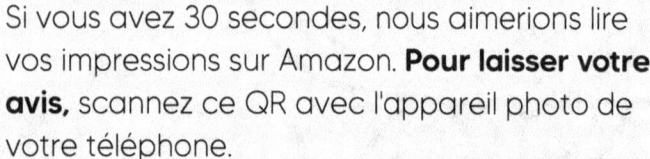

Si vous avez 30 secondes, nous aimerions lire vos impressions sur Amazon. **Pour laisser votre avis,** scannez ce QR avec l'appareil photo de votre téléphone.

La page d'évaluation s'affichera dans votre navigateur - nous comptons sur vous ! Votre évaluation fait la différence.

Un gros câlin !

DÉCOUVRIR L'INTERIEUR

Colorie chaque illustration de cet index, une fois que tu as appris à la dessiner !

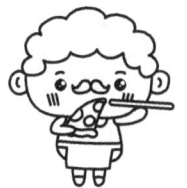
1. Pizzaiolo

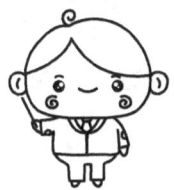
2. Enseignant

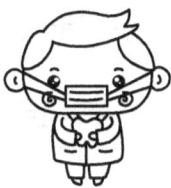
3. Dentiste

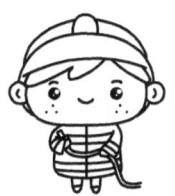
4. Pompier

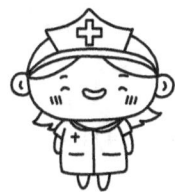
5. Infirmière

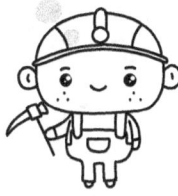
6. Mineur

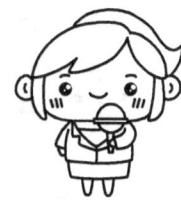
7. Journaliste

8. Menuiser

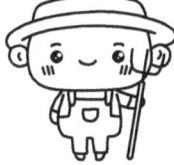
9. Agriculteur

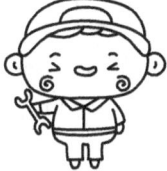
10. Mécanicien

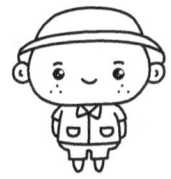
11. Gardien de zoo

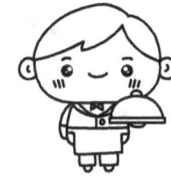
12. Serveur

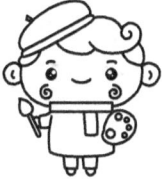
13. Artiste

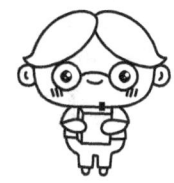
14. Bibliothécaire

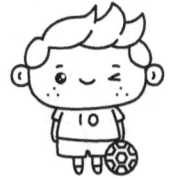
15. Footballeur

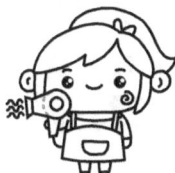
16. Styliste

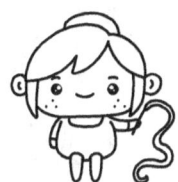
17. Gymnaste

18. Ingénieur civil

19. Briqueteur

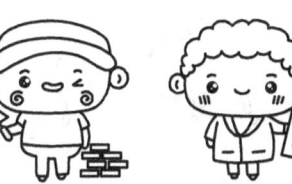
20. Radiologue

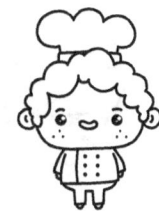
21. Chef de cuisine

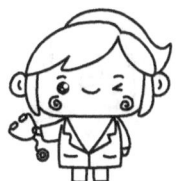
22. Médecin

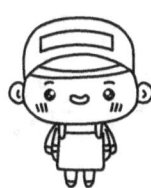
23. Forgeron

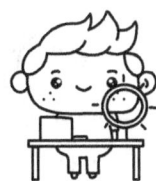
24. Streamer

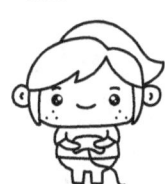
25. Joueuse professionnelle

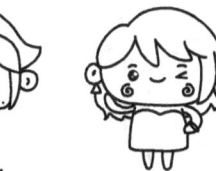
26 Modèle

27. Juge

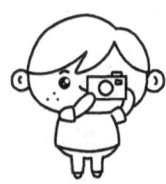
28. Photographe

29. Facteur

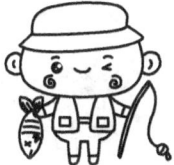
30. Pêcheur

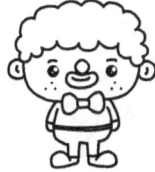
31. Clown

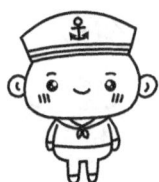
32. Marin

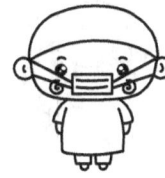
33. Chirurgien

34. Soldat

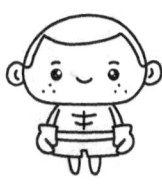
35. Boxeur

Ces illustrations uniques ont été créées à la main, spécialement pour ce livre.

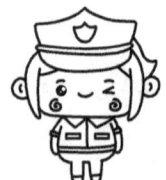 36. Police

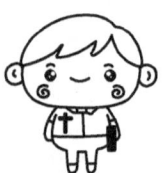 37. Prêtre

 38. Magicien

 39. Capitaine de navire

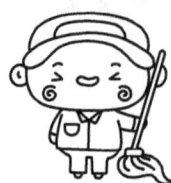 40. Concierge

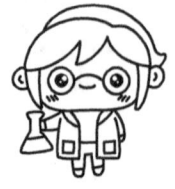 41. Scientifique

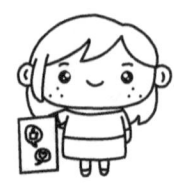 42. Publiciste

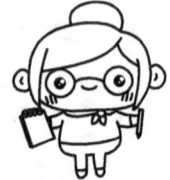 43. Conceptrice

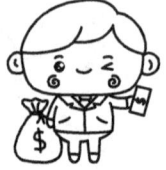 44. Investisseur

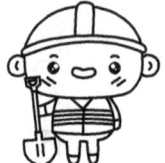 45. Travailleur

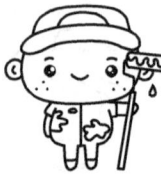 46. Peintre

 47. Boulanger

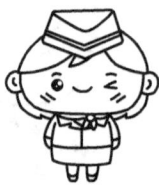 48. Hôtesse d'accueil

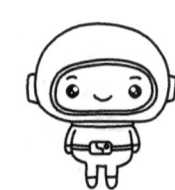 49. Astronaute

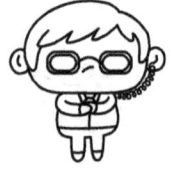 50. Agent de sécurité

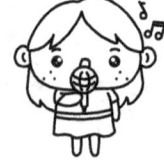 51. Chanteuse

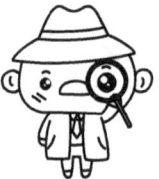 52. Détective

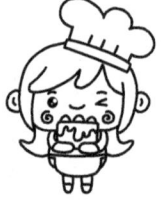 53. Confiseuse

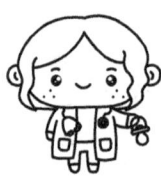 54. Pédiatre

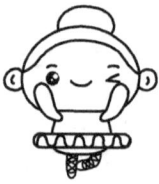 55. Danseuse

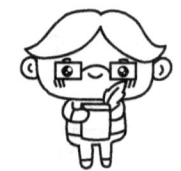 56. Rédacteur

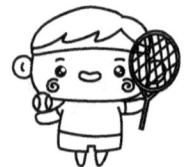 57. Joueur de tennis

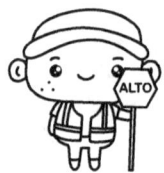 58. Responsable de la circulation

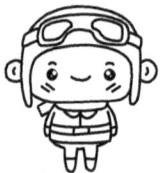 59. Pilote

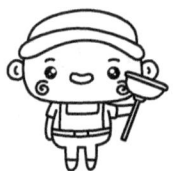 60. Plombier

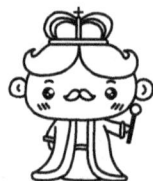 61. Roi

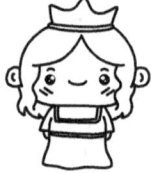 62. Reine

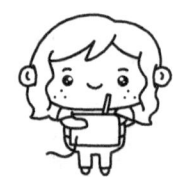 63. Conceptrice graphique

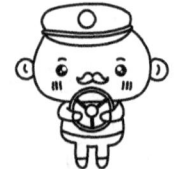 64. Conducteur

 65. Électricien

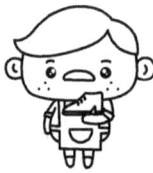 66. Cordonnier

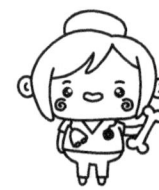 67. Vétérinaire

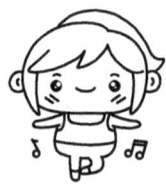 68. Professeure de yoga

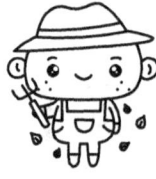 69. Jardinier

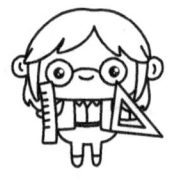 70. Architecte

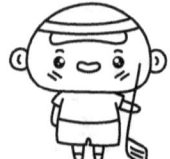 71. Golfeur

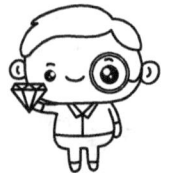 72. Bijoutier

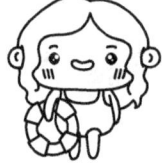 73. Sauveteuse

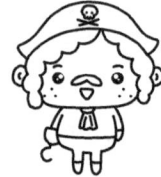 74. Pirate

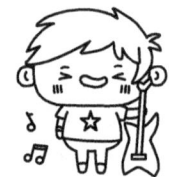 75. Rocker

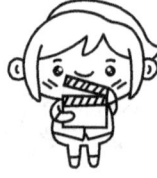 76. Cinéaste

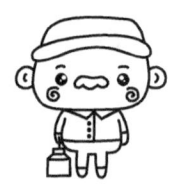 77. Laitier

Ces illustrations uniques ont été créées à la main, spécialement pour ce livre.

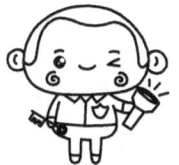
78. Veilleur

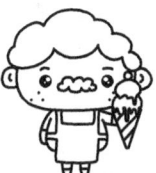
79. Vendeur
de glaces

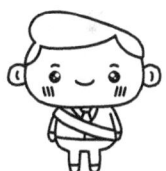
80. Président

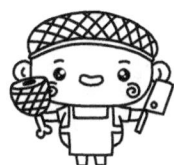
81. Boucher

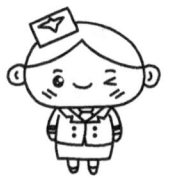
82. Hôtesse
de l'air

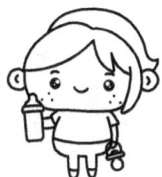
83. Nounou

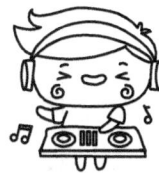
84. DJ

85. Maquilleuse

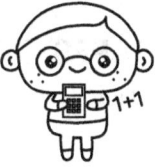
86. Comptable

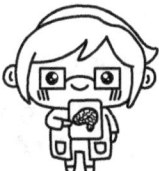
87. Psychologue

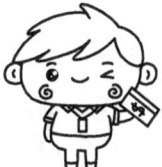
88. Caissier

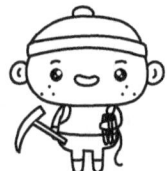
89. Montagnard

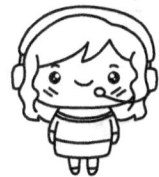
90. Opérateur
téléphonique

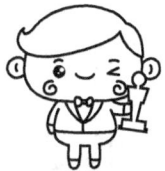
91. Acteur

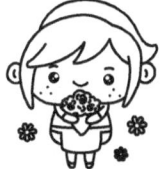
92. Fleuriste

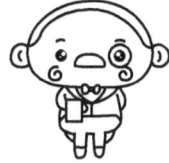
93. Majordome

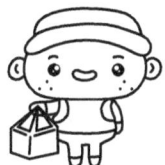
94. Chauffeur
-livreur

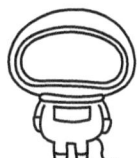
95. Plongeur

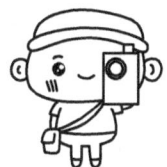
96. Photographe

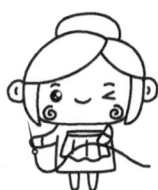
97. Couturière

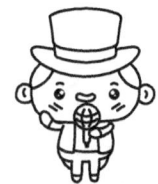
98. Animateur
de spectacles

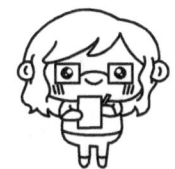
99. Organisatrice
d'événements

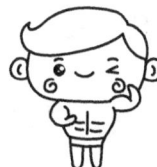
100. Culturiste

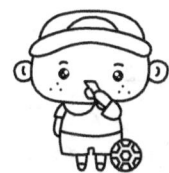
101. Entraîneur

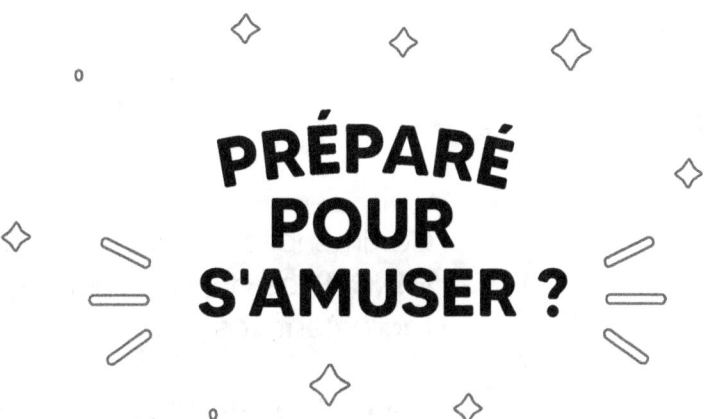

PRÉPARÉ POUR S'AMUSER ?

Ces illustrations uniques ont été créées à la main, spécialement pour ce livre.

INSTRUCTIONS

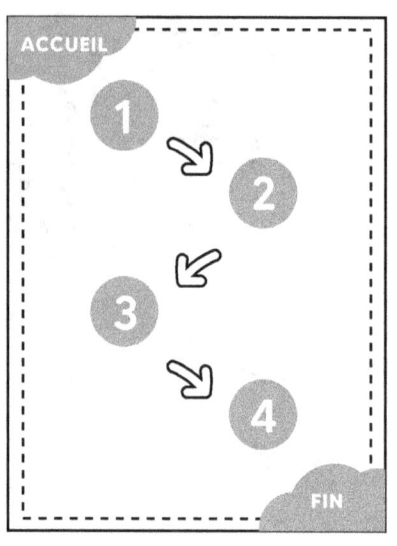

Chaque dessin comporte **4 ÉTAPES.** Suivez les numéros pour compléter chaque illustration **ÉTAPE PAR ÉTAPE**.

La méthode étape par étape vous aidera à gagner en confiance avant d'apprendre à dessiner tout seul.

Vous devez suivre les **LIGNES NOIRES**, les **LIGNES DISCONTINUES** vous servant de guide. Lorsque vous avez terminé de dessiner l'illustration, vous pouvez les effacer.

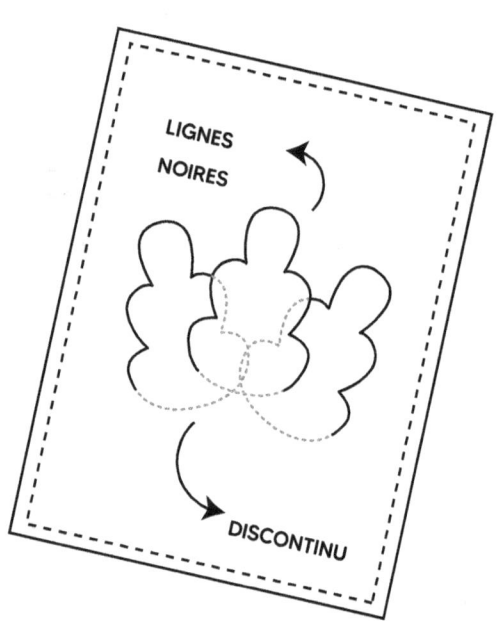

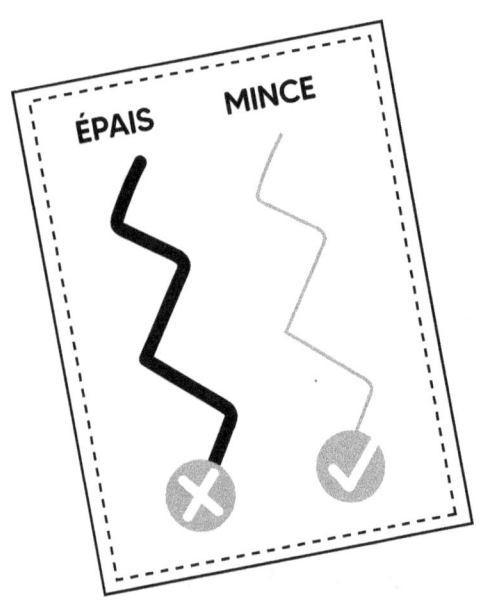

Commencez toujours par faire des **LIGNES MINCES**, ce qui vous permettra de corriger plus facilement vos erreurs.

Les **LIGNES ÉPAISSES** sont toujours plus difficiles à effacer.

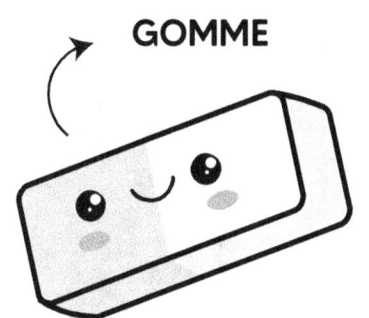

GOMME

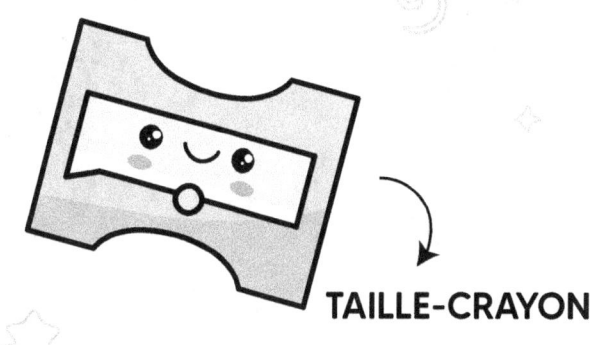

TAILLE-CRAYON

PAPIER

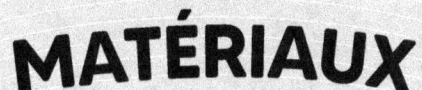

MATÉRIAUX

Vous n'aurez besoin que de **4 choses**

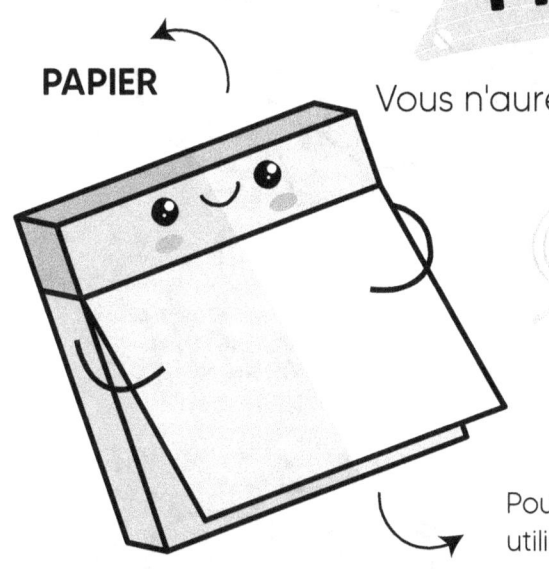

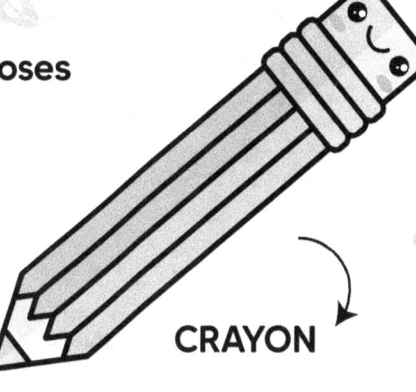

CRAYON

Pour éviter toute confusion et toute restriction,
utilisez du papier blanc sans lignes ni marques.

Nous pouvons tous dessiner!

Tous les dessins commencent par une **FORME DE BASE**

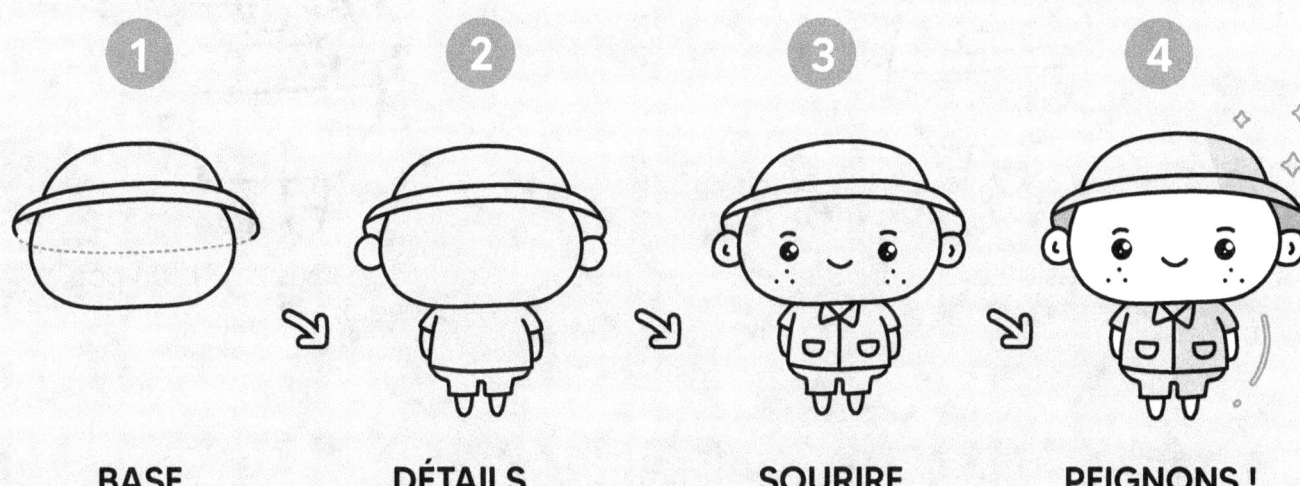

BASE   DÉTAILS   SOURIRE   PEIGNONS !

PIZZAIOLO

Dessinez une moustache et un nuage sur la tête

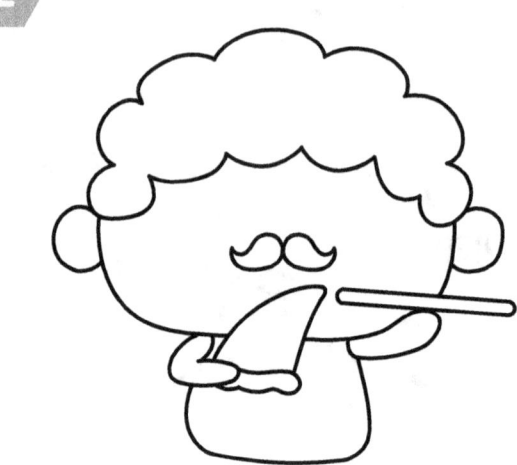

Ajouter le corps, le plateau et la pizza

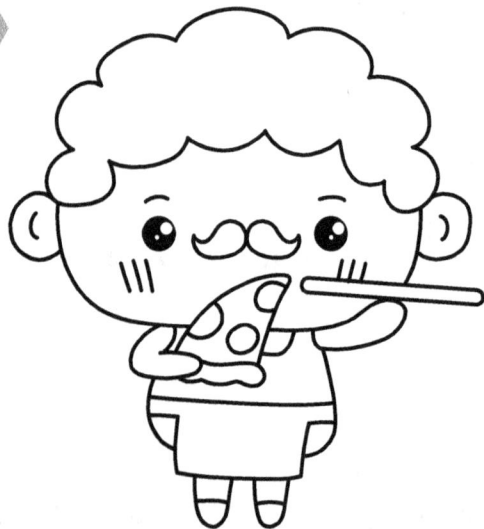

Ajoutez des détails pour terminer le corps et le visage

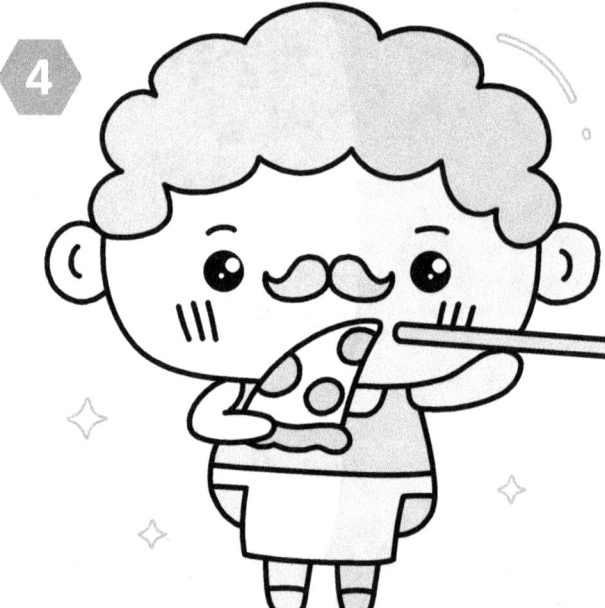

Que diriez-vous d'un brun pour les cheveux?

Quelle est votre pizza préférée ?

ENSEIGNANT

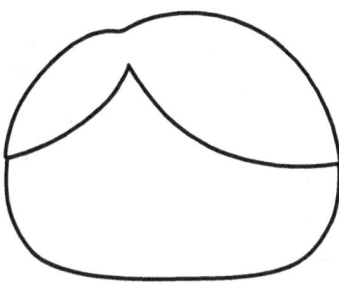

Commencez par un cercle aux courbes ouvertes

La silhouette : T-shirt et pantalon

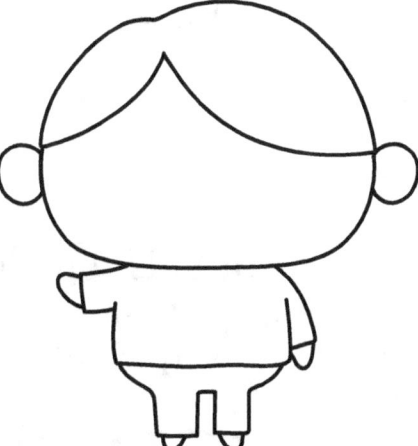

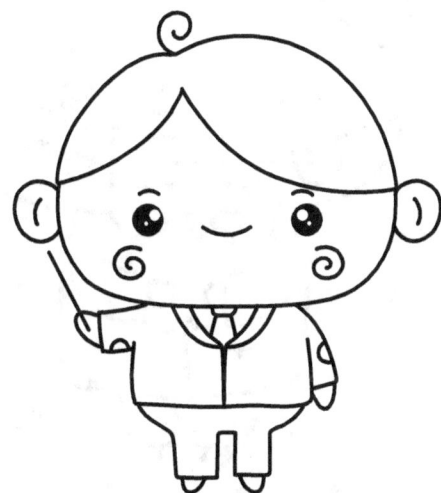

Dessinez des spirales sur les joues et les cheveux

Je prépare les enfants à l'avenir

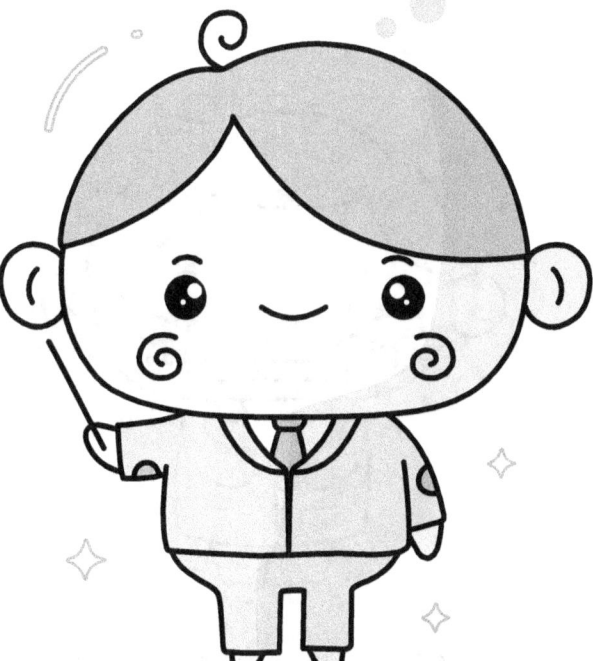

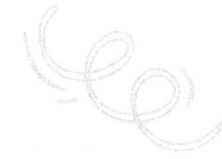

Regardez demain les vêtements que porte votre professeur

DENTISTE

Dessinez la tête et les cheveux comme vous le souhaitez

Maintenant le corps et une grosse dent au milieu

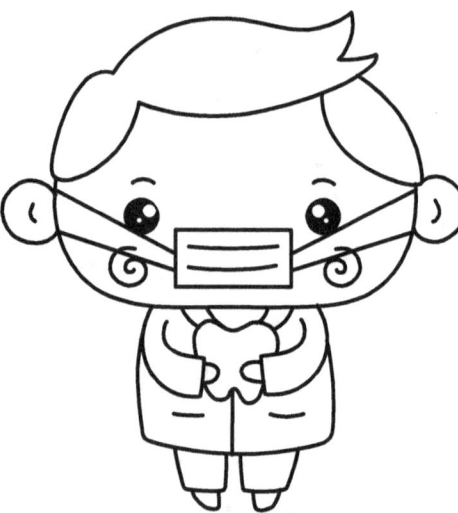

Les dentistes portent des masques!

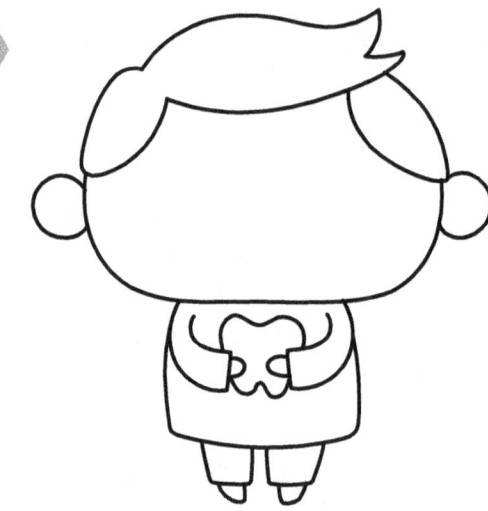

Je prends soin de votre bouche et de vos dents

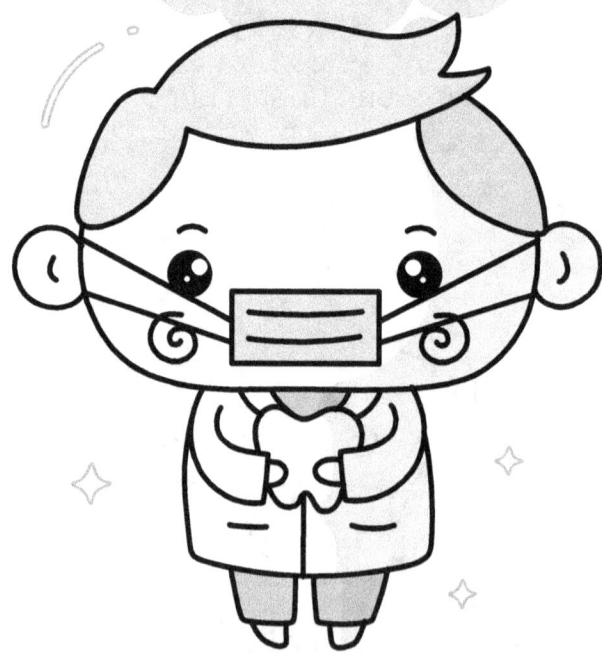

Le blanc et le vert émeraude constituent un bon choix

POMPIER

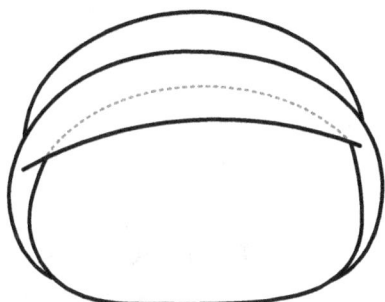

Commence par une base arrondie avec une coque

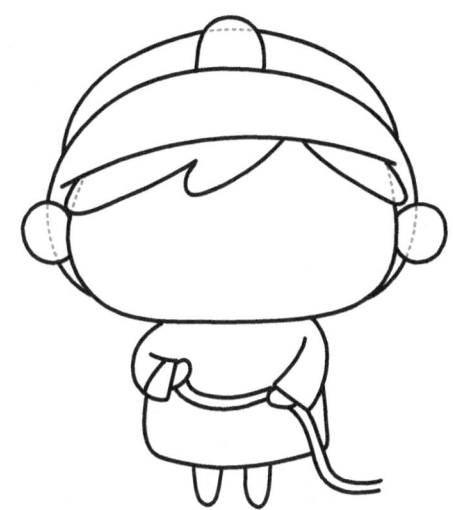

Ajoutez le costume - et n'oubliez pas le tuyau!

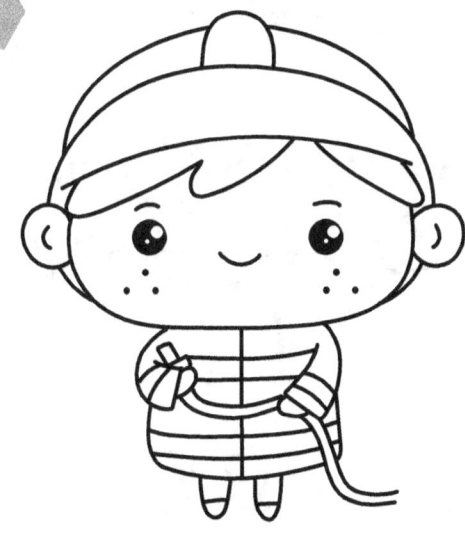

Lignes horizontales pour les vêtements et un joli visage kawaii

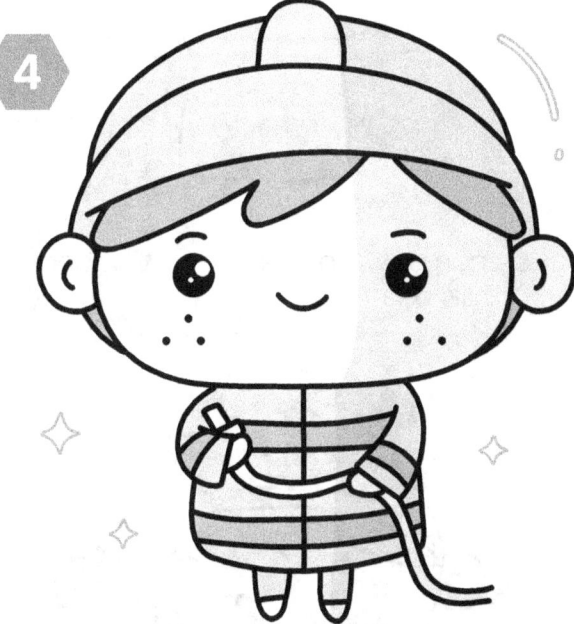

Peindre l'uniforme en rouge et jaune

Nous éteignons les incendies

INFIRMIÈRE

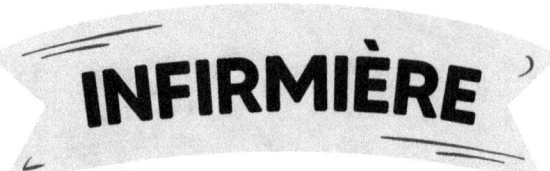

1

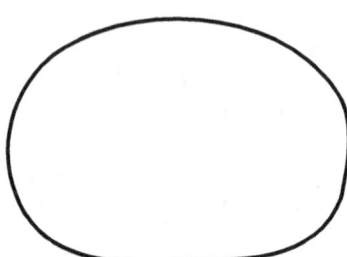

Dessiner un cercle aplati

2

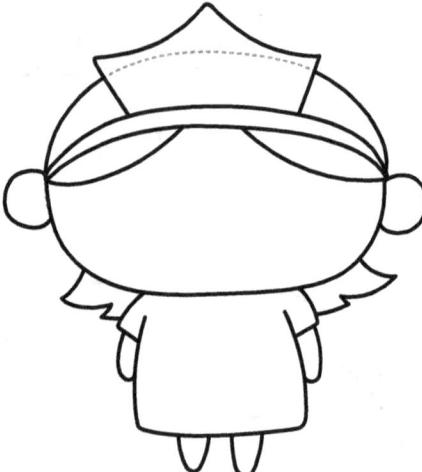

Le corps et maintenant un chapeau
à trois pointes

3

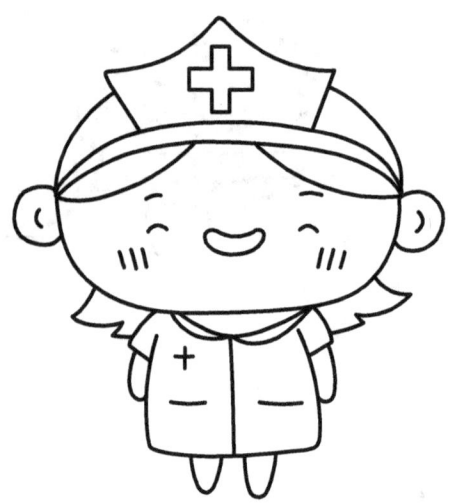

Rendre le lieu convivial et agréable

4

Je m'occupe de
mes patients

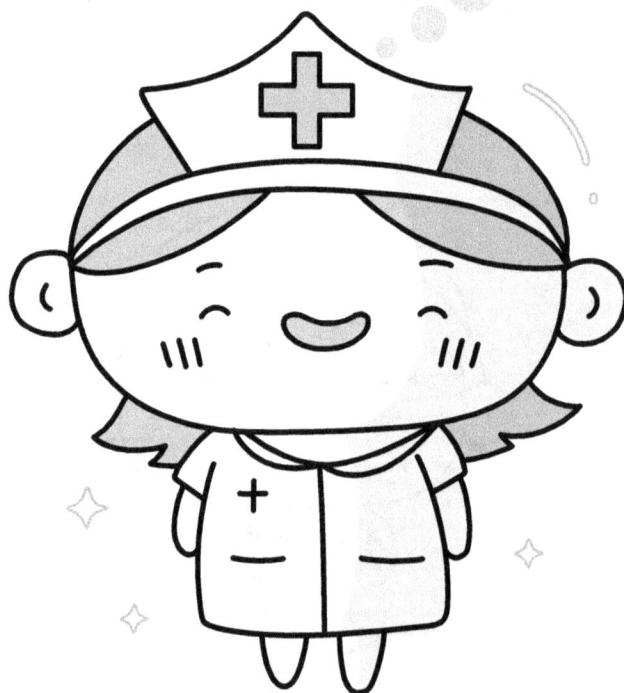

N'oubliez pas que le blouse est blanc et
que la croix est rouge

MINEUR

1

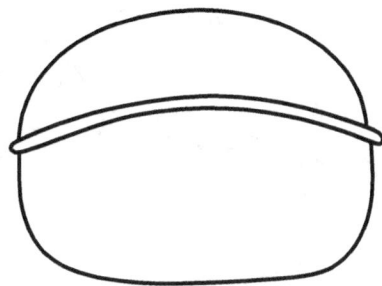

Il commence par un ovale allongé avec un arc au milieu

2

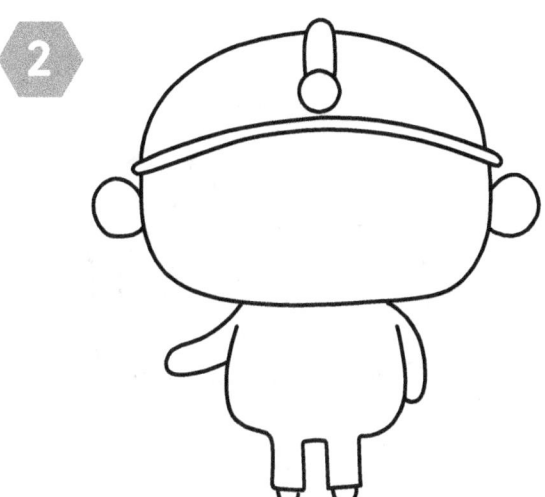

Vient ensuite le reste du corps

3

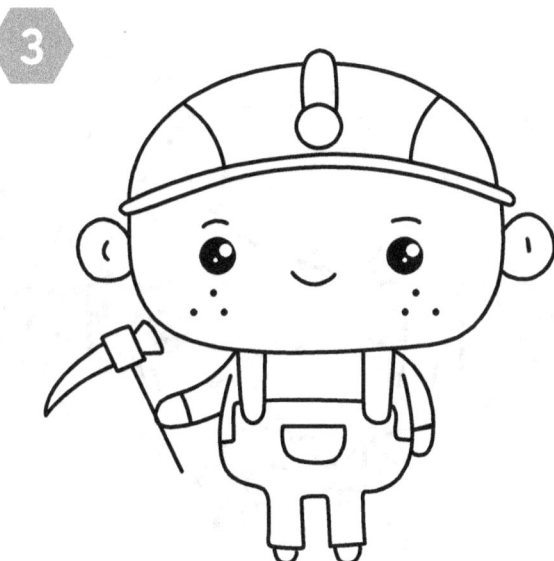

Inclut des détails tels que le pioche et d'adorables taches de rousseur

4

Travailler dans des endroits très sombres

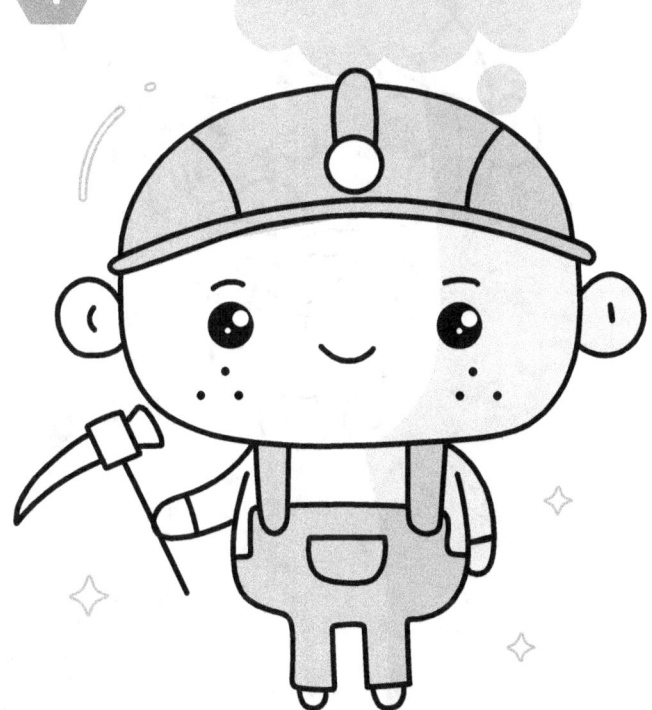

Le casque est généralement jaune

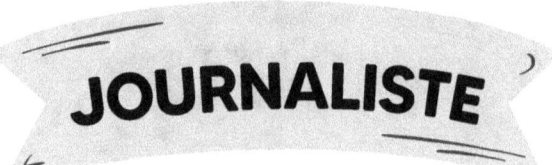

JOURNALISTE

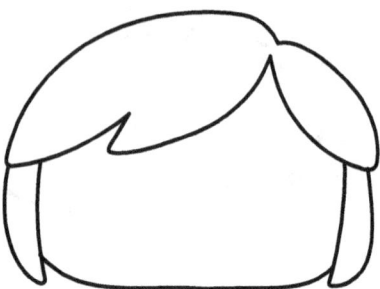

Dessine une frange couvrant la tête

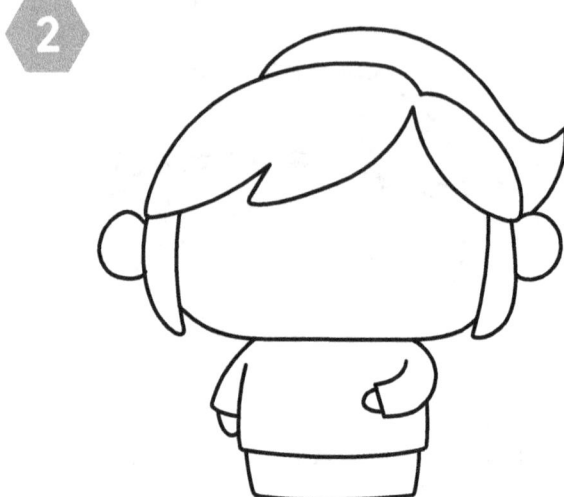

Ajouter le corps avec une main vers l'intérieur

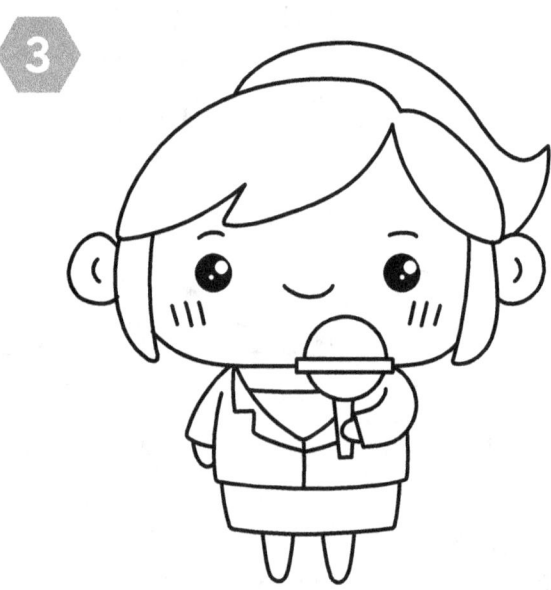

Et surtout, le microphone!

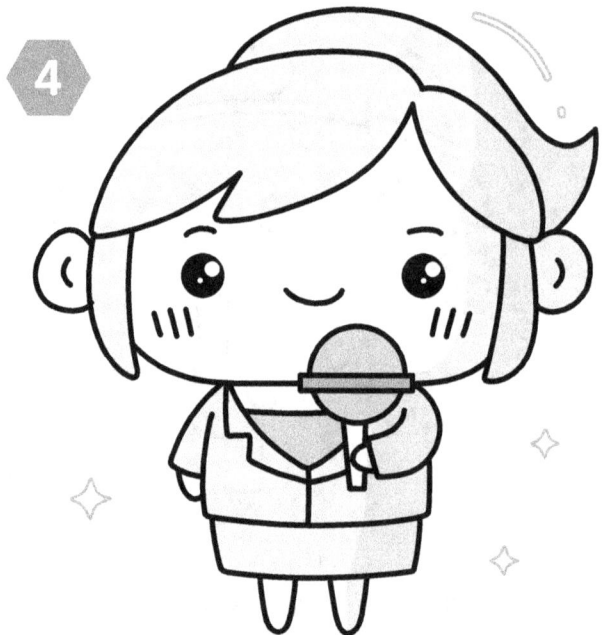

Peignez dans la couleur de votre choix!

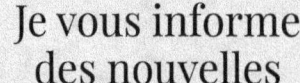

Je vous informe
des nouvelles

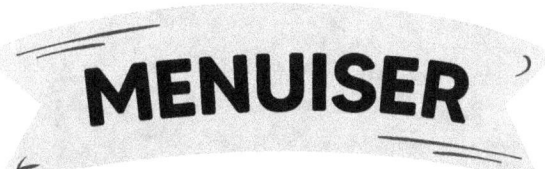

MENUISER

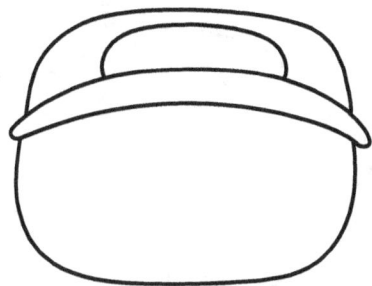

Tout commence par le haut : la tête et la casquette

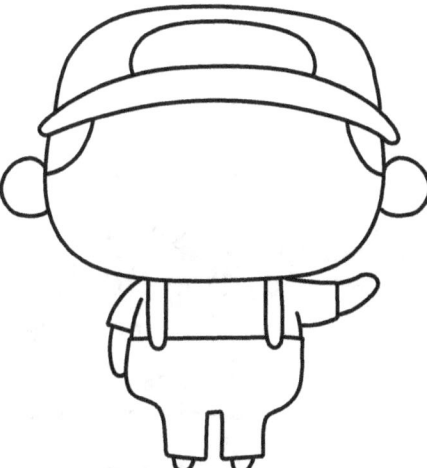

Dessiner le corps avec une main levée

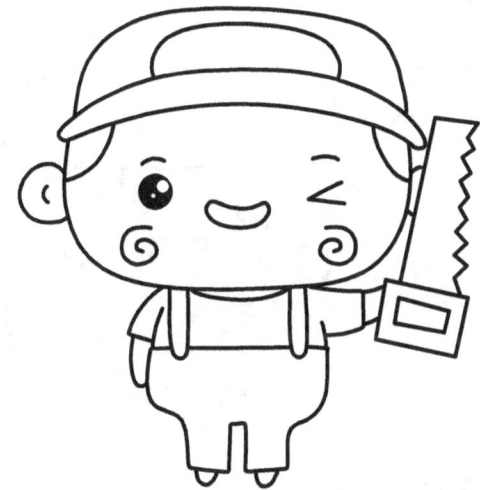

La chose la plus importante: la scie

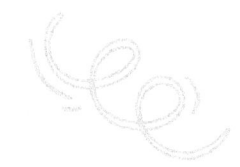

Je crée de beaux meubles en bois

Si vous voulez que ce soit un denim, faites-le bleu!

AGRICULTEUR

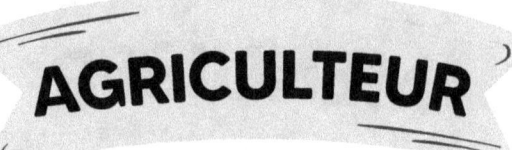

1

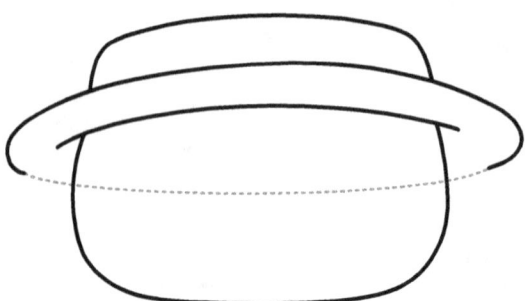

Il commence par un chapeau surmonté d'un "U"

2

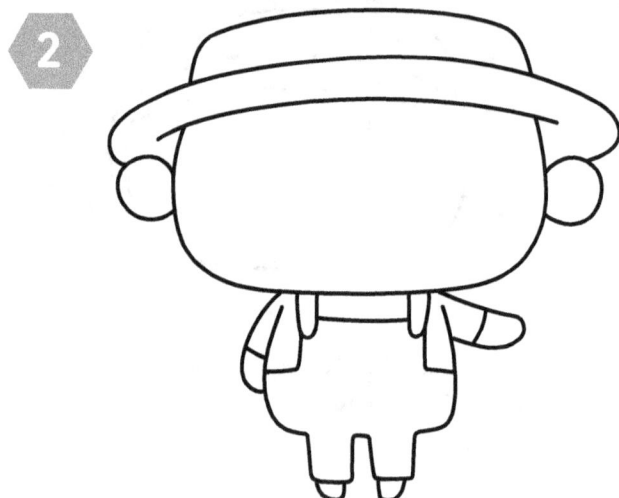

Dessiner un corps en salopette

3

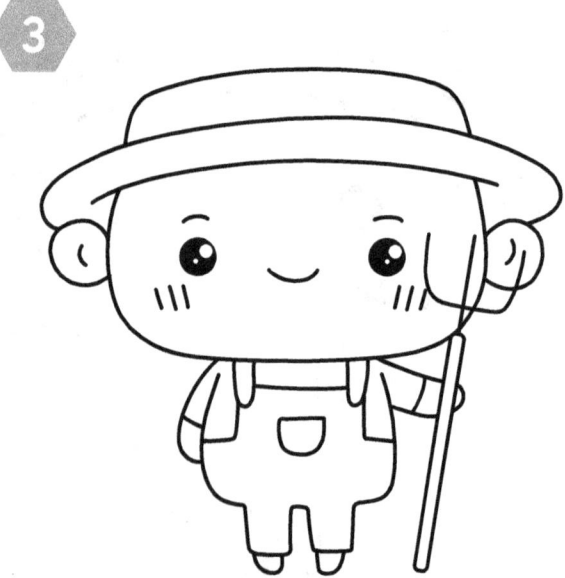

Maintenant un grand râteau et des yeux étincelants

4

Je sème et je récolte de la nourriture

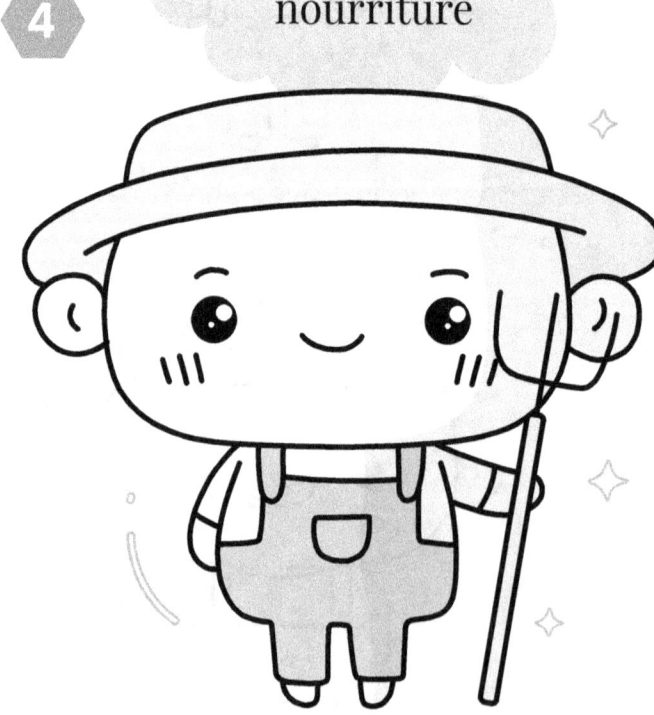

Le chapeau serait parfait dans une nuance de jaune

MÉCANICIEN

1

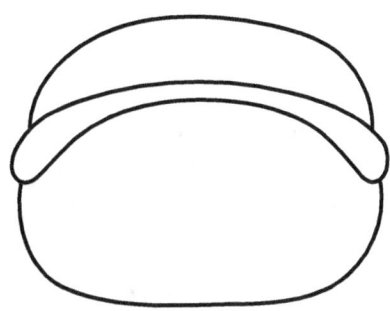

Dessiner une tête ronde avec une casquette

2

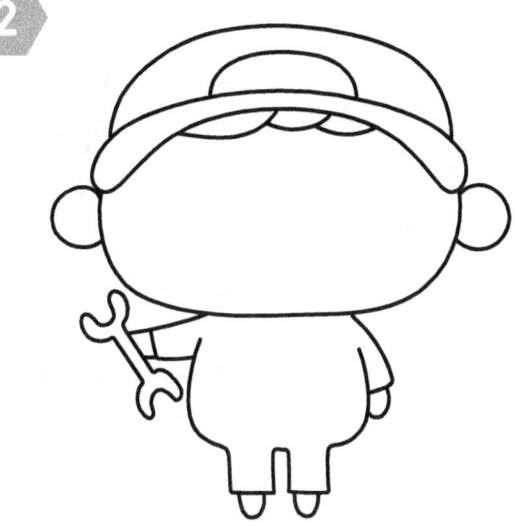

Maintenant le corps et n'oubliez pas une clé

3

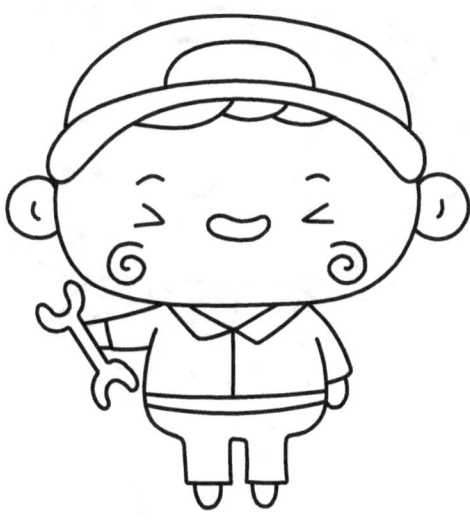

Le petit visage et quelques fards à joues en forme de spirale

4

Choisis des couleurs foncées pour ses vêtements

Je suis le
médecin des voitures

GARDIEN
DE ZOO

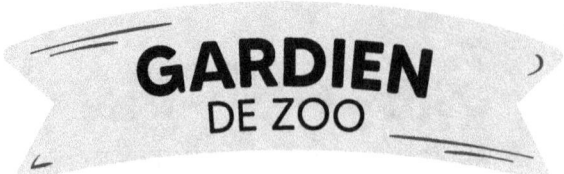

1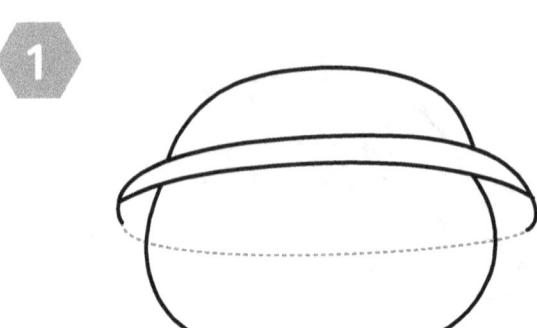

Commencer par la tête et le chapeau

2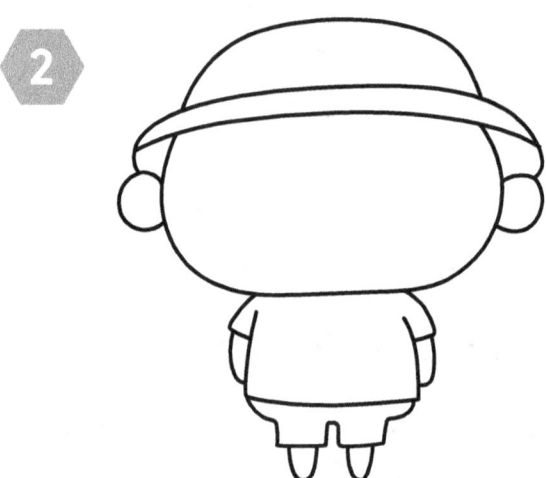

Habillez votre silhouette avec des vêtements

3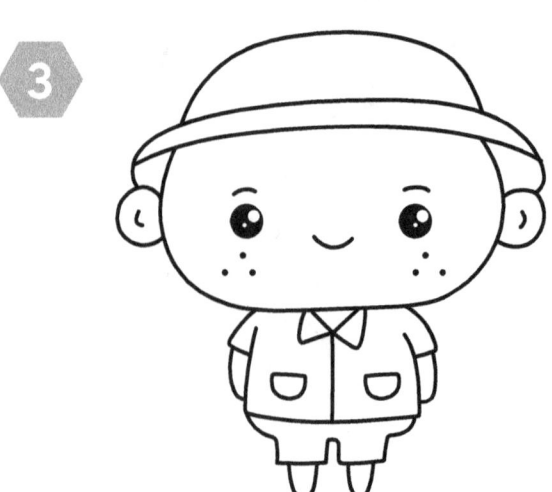

Finir avec les détails des vêtements

4

Nourrir les animaux du zoo

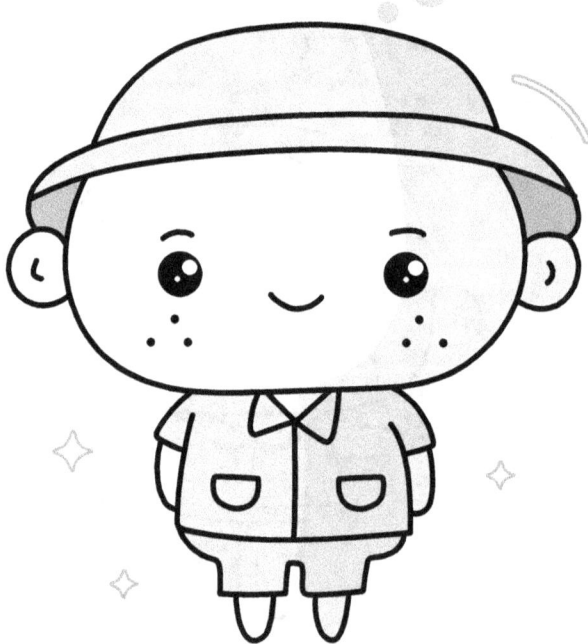

Choisissez des vêtements dans les tons jaunes et bruns.

SERVEUR

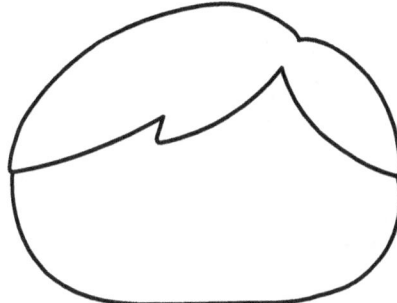

Dessine une base arrondie et la forme des cheveux

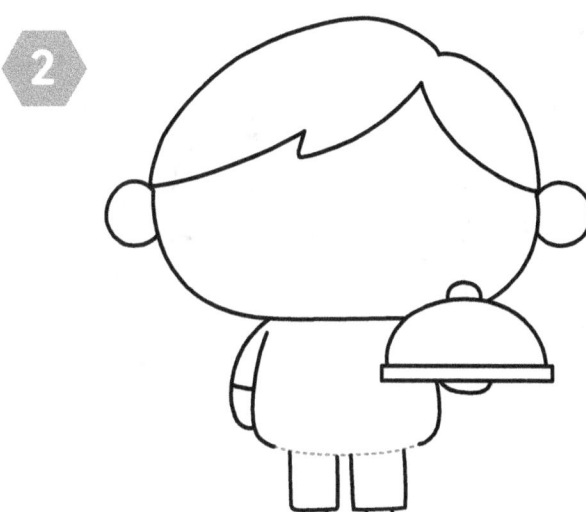

Ajouter le corps et un plateau avec couvercle

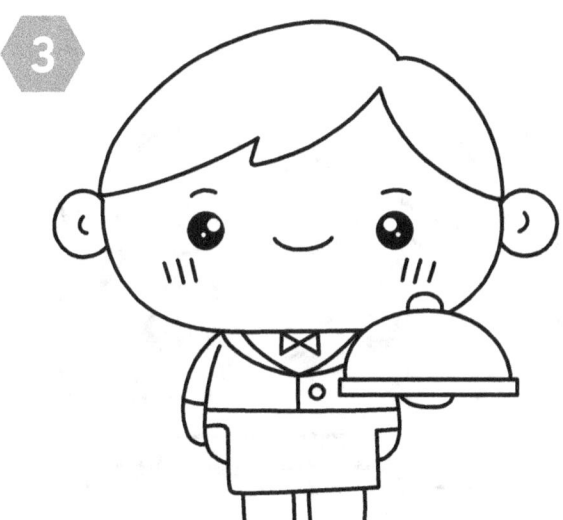

C'est l'heure des détails ! Le tablier, le nœud papillon, les boutons ...

Que voulez-vous prendre?

Les serveurs portent du noir et du blanc

ARTISTE

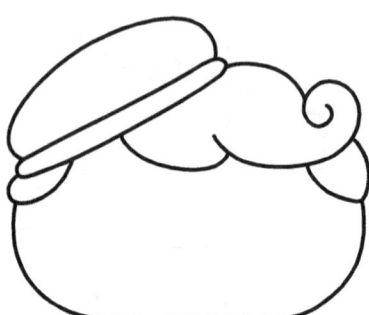

Sur une tête, dessinez une frange en spirale et un béret

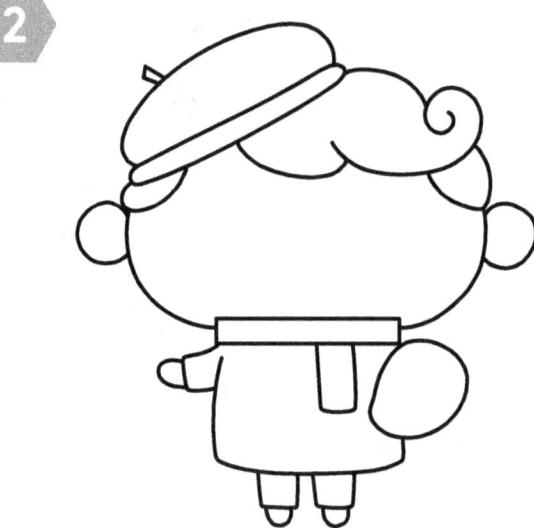

Ajoutez le corps, l'écharpe et la palette de couleurs

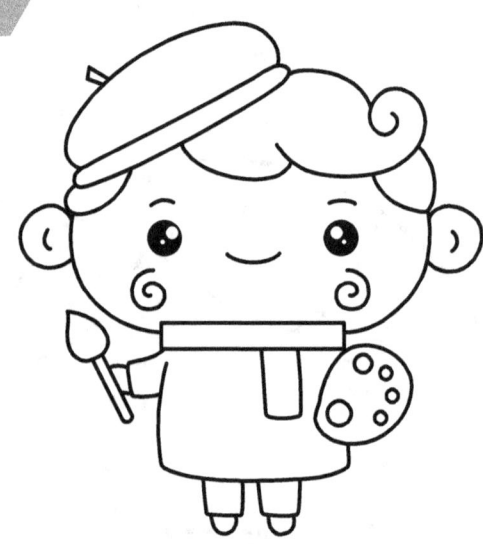

Pinceau manquant et couleurs sur la palette

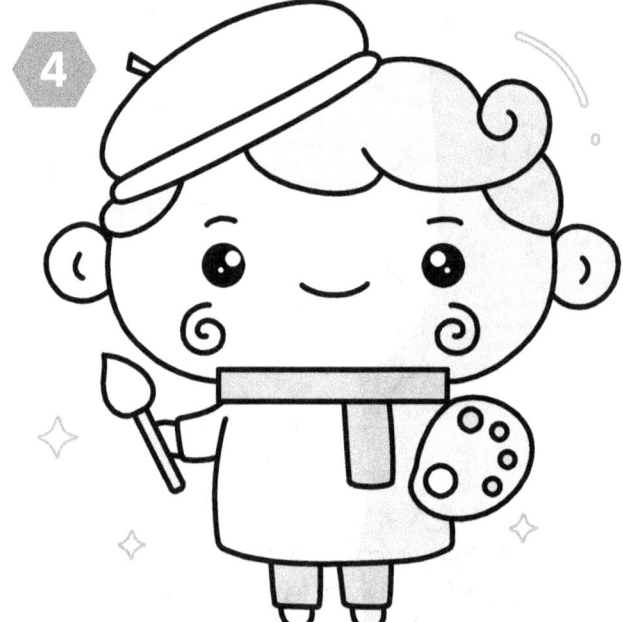

Peignons! Faites-le coloré

Mes peintures expriment ce que je ressens

BIBLIOTHÉCAIRE

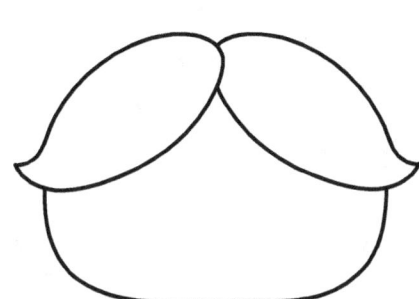

Dessinez une "moustache" sur une base circulaire

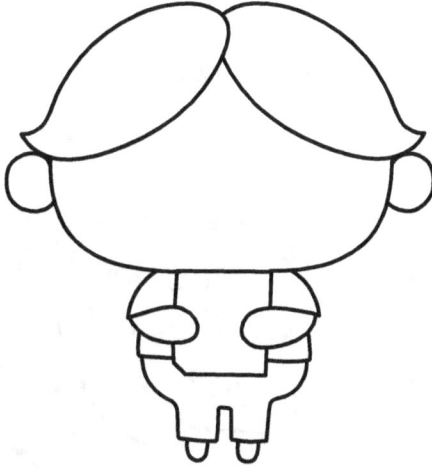

Ajouter un corps tenant un livre

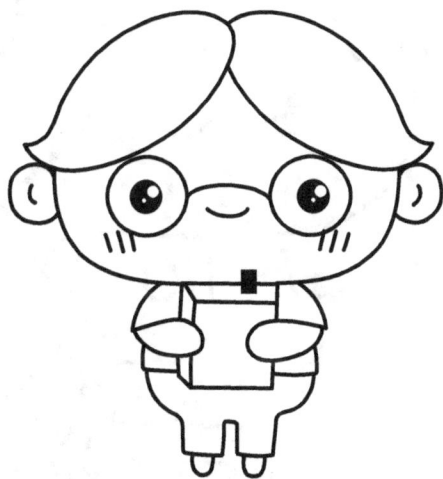

Dessinez de grandes lunettes rondes et les détails du livre

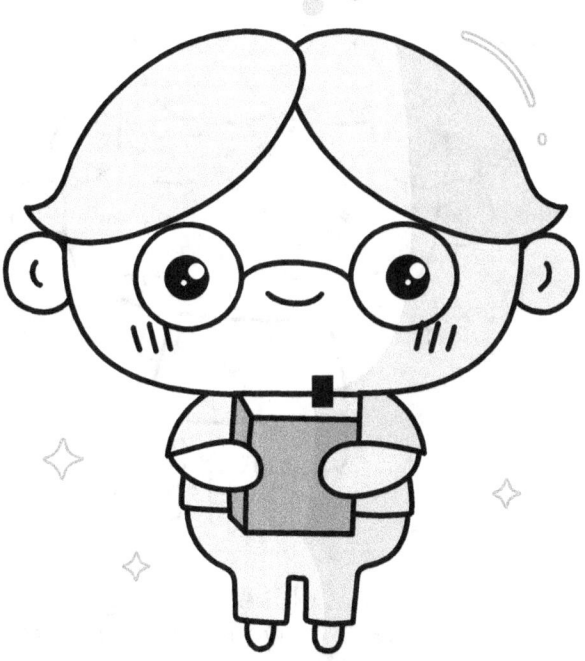

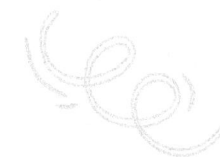

Les livres sont ma passion

Choisissez des couleurs discrètes comme le marron ou le beige

FOOTBALLEUR

1

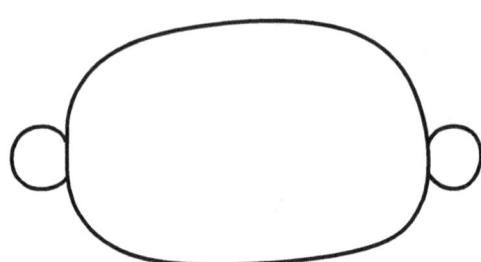

Commence par un cercle aplati avec des oreilles

2

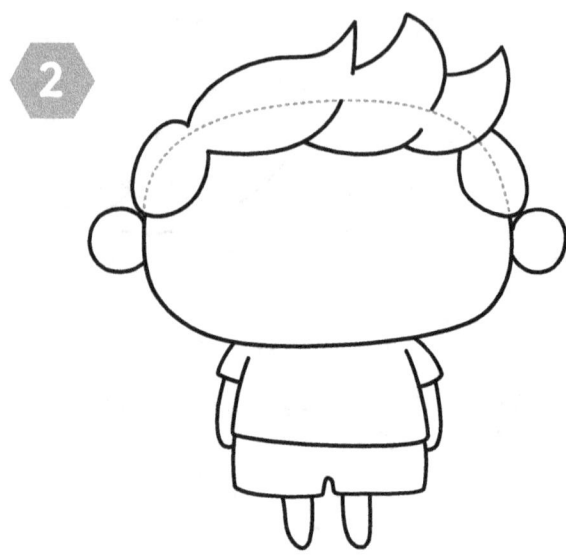

Les cheveux et le corps d'une superstar

3

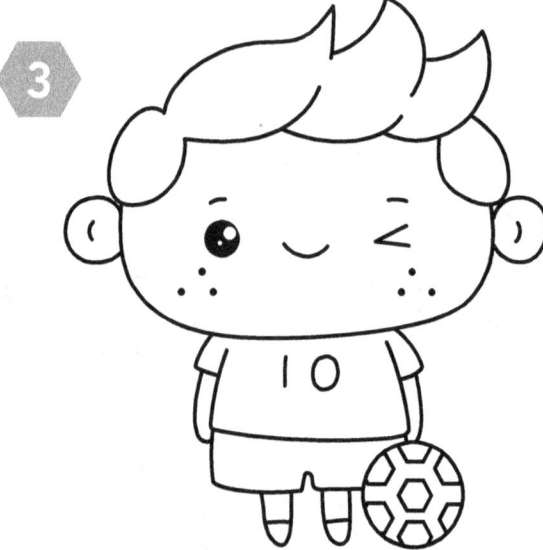

La balle avec plusieurs hexagones et le numéro ne doivent pas manquer

4

Rêves-tu aussi de devenir footballeur?

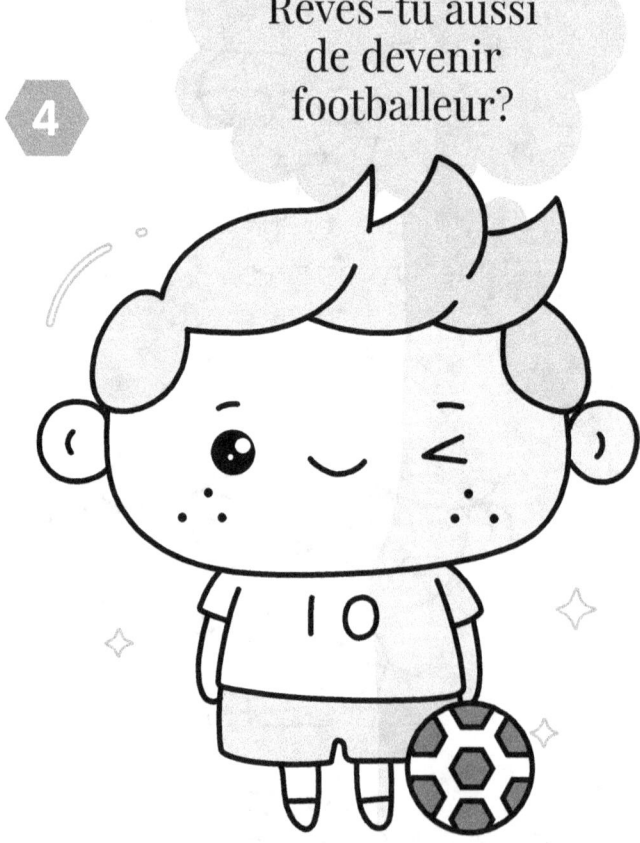

Utilise les couleurs de ton équipe de football préférée

STYLISTE

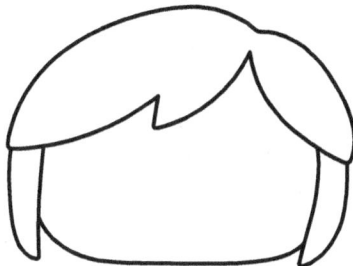

Commencez par une tête à frange

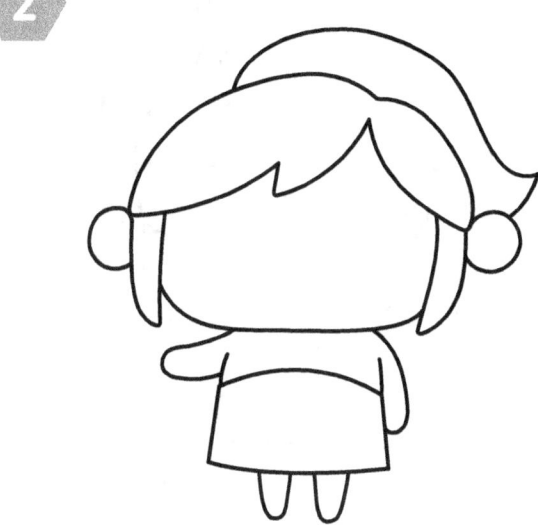

Dessinez un corps avec une robe ET une queue de cheval!

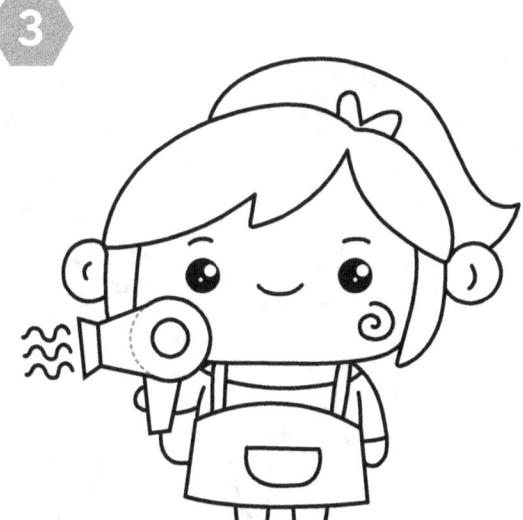

Beaucoup de détails ! Un sèche-cheveux avec câble, le tablier, le nœud ...

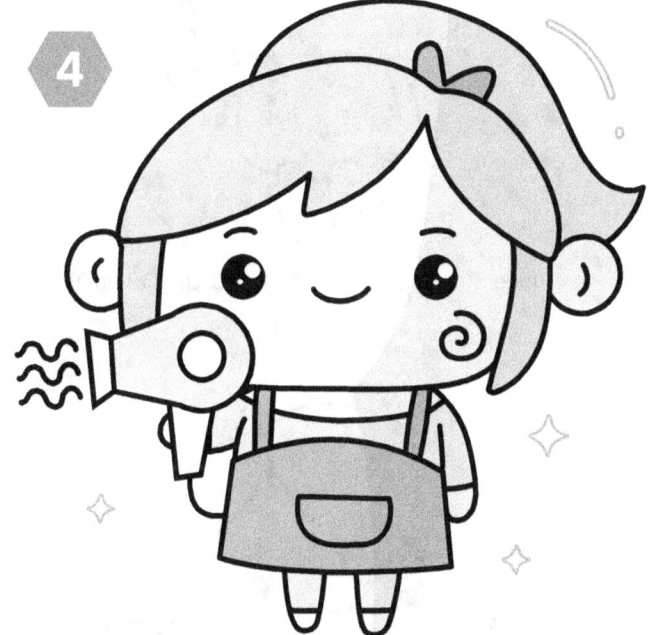

Les coiffeuse portent généralement des tabliers noirs

Coupe,
couleur et style ?

GYMNASTE

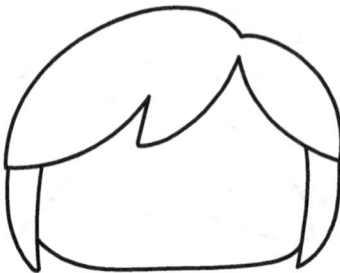

Commencer comme avant :
tête et frange

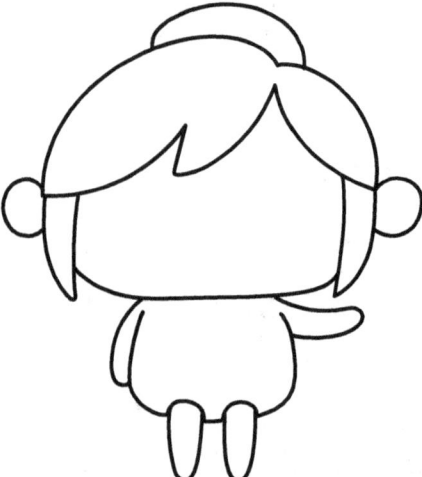

Dessiner un corps avec un maillot

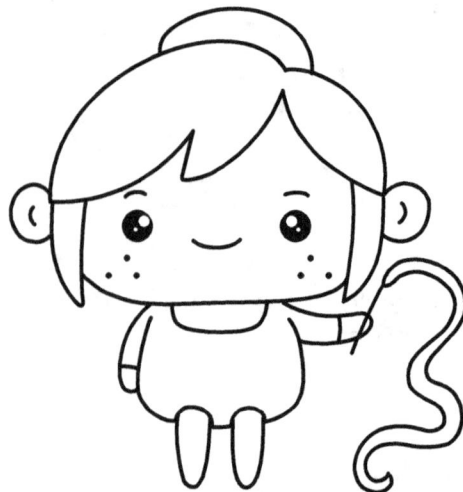

Un ruban sinueux

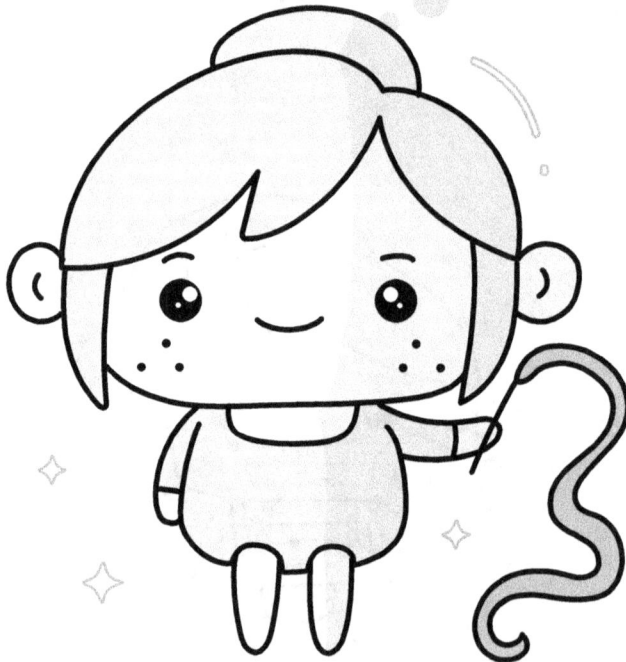

Je suis flexible
et très fort

Peignons! Choisis une couleur vive
pour ses vêtements

INGÉNIEUR
CIVIL

1

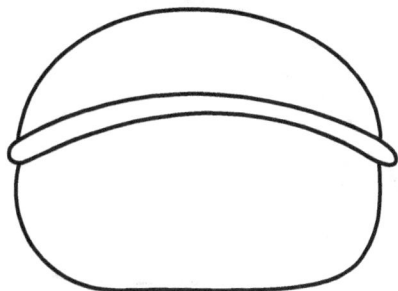

Dessiner une base ronde avec un casque

2

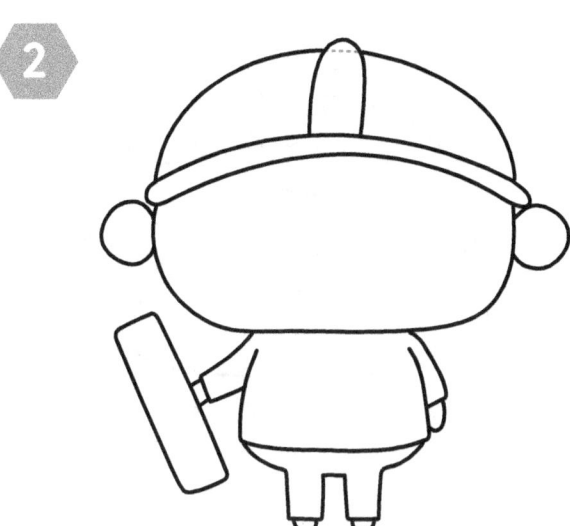

Le rectangle dans sa main sera un plan

3

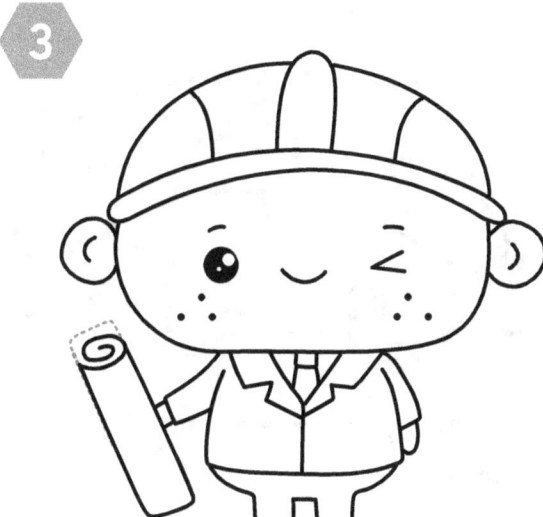

Ajouter une spirale au plan pour qu'il ressemble à du papier enroulé

4

Conception de ponts et de routes

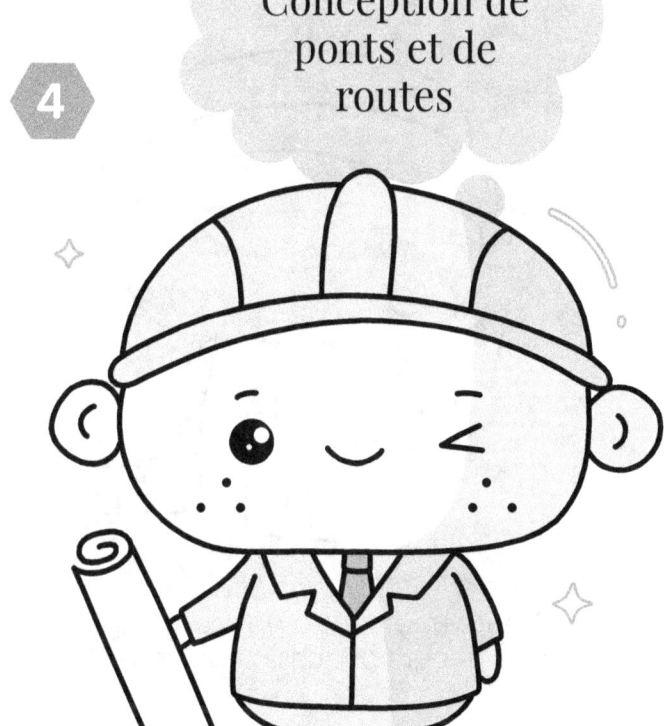

Les casques de chantier sont jaunes

BRIQUETEUR

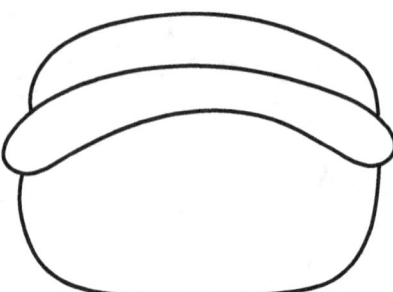

Nous avons commencé comme ça avant : une tête dans une casquette

L'habiller avec des vêtements normales

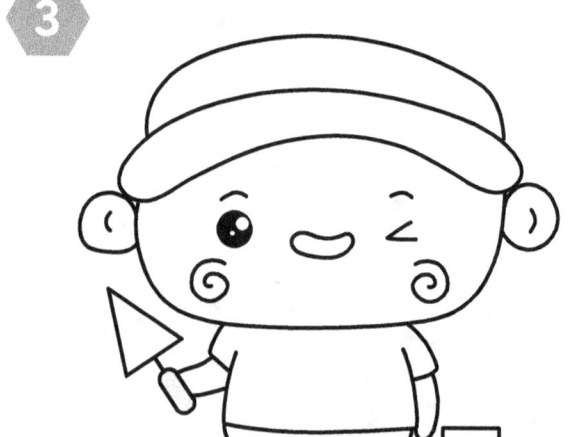

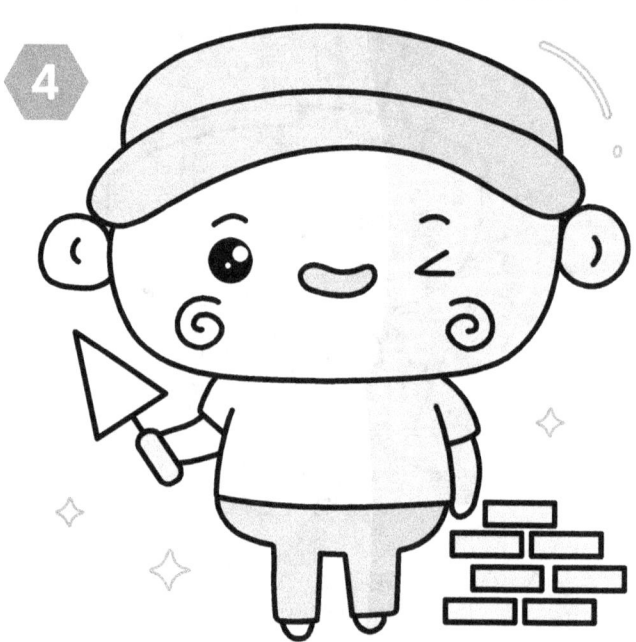

Ajoute une pelle à pointe triangulaire et plusieurs briques à son côté

Peignons! Les briques sont rouges

Je te construirai la maison de tes rêves

RADIOLOGUE

Dessinez un nuage sur un rectangle arrondi

Dessinez le corps avec un rectangle sur la main, il s'agit de la radiographie

Les os manquent!

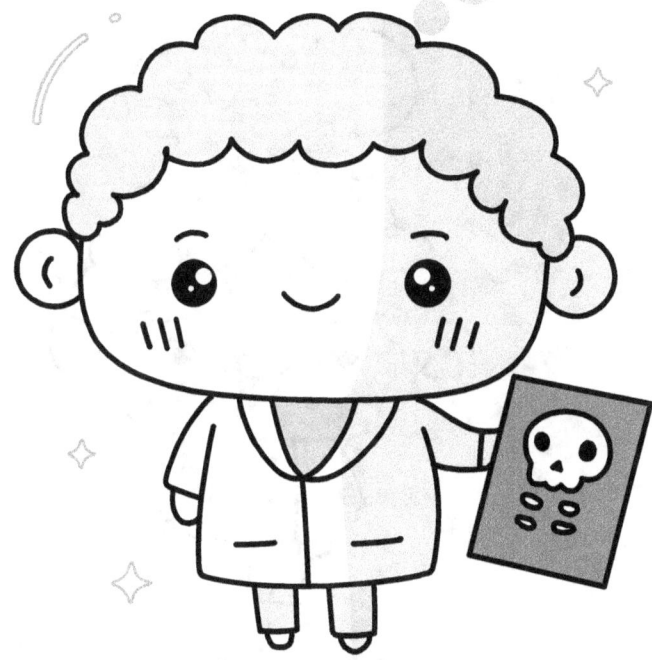

Je peux voir tes os et tes organes

Peignons! Choisissez une couleur foncée pour la radiographie

CHEF
DE CUISINE

1

Dessiner un nuage au-dessus d'une tête

2

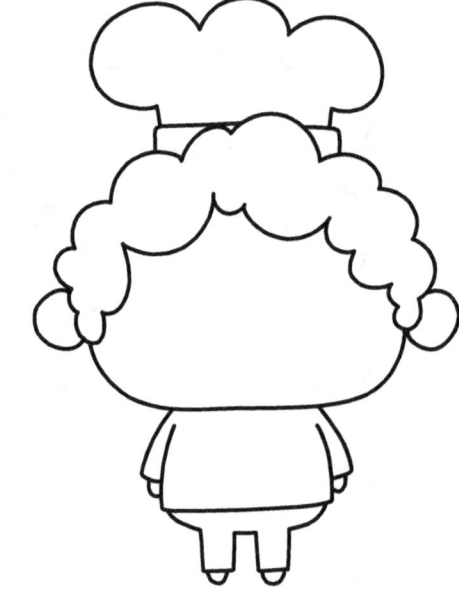

Maintenant le corps et une belle toque

3

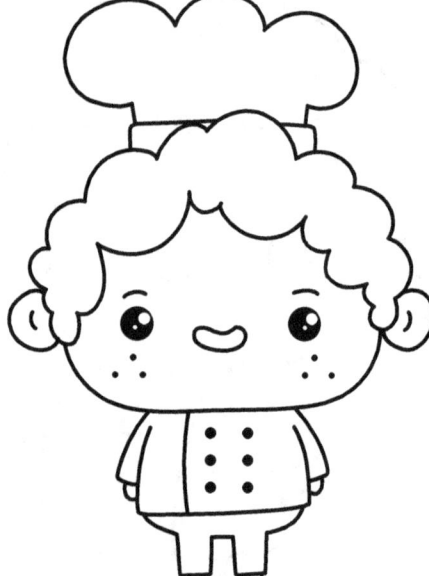

Ajoutez beaucoup de boutons à la chemise et un visage kawaii

4

La cuisine est un art

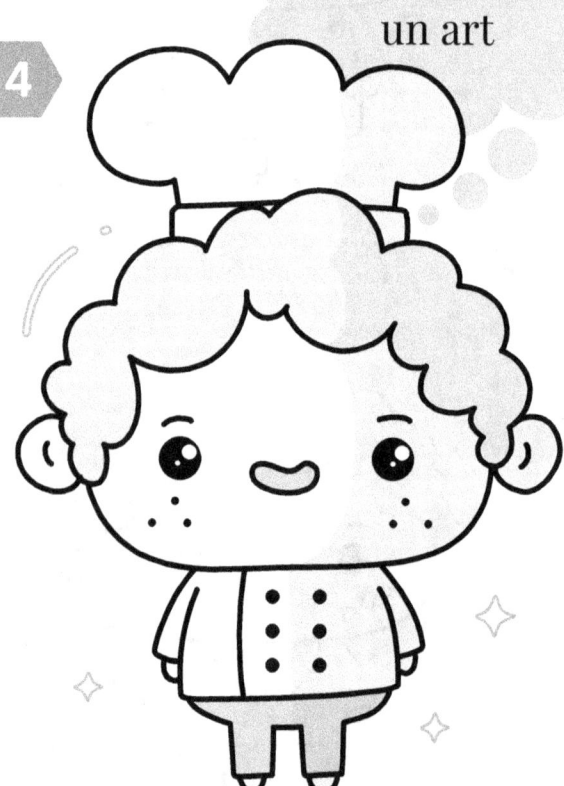

Le blanc reflète la propreté et l'hygiène

MÉDECIN

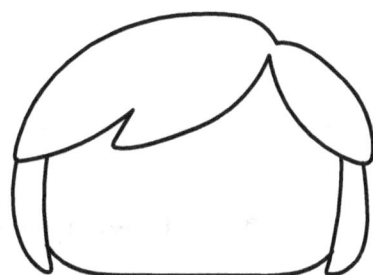

Commencez par une tête à frange

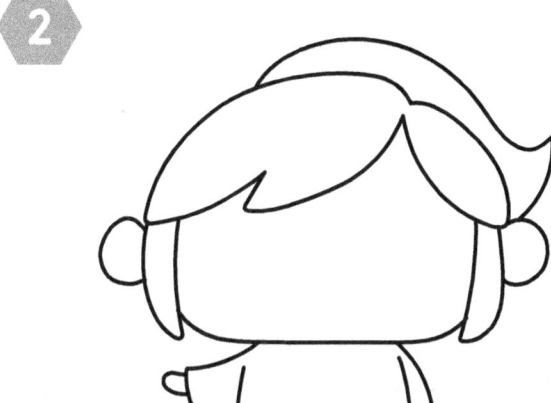

Continuer à dessiner le corps et une queue de cheval

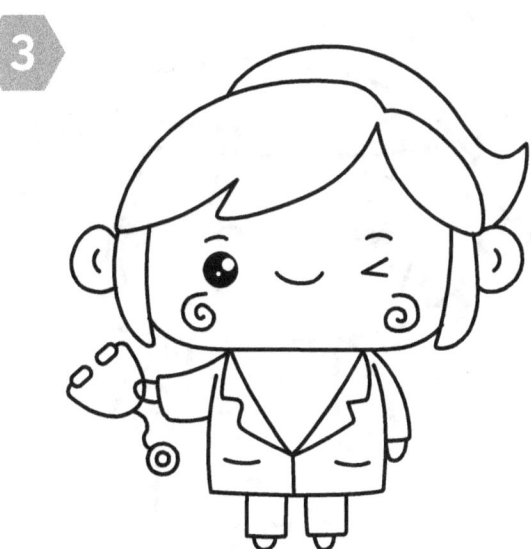

Personnalisez des détails tels que le stéthoscope et la blouse

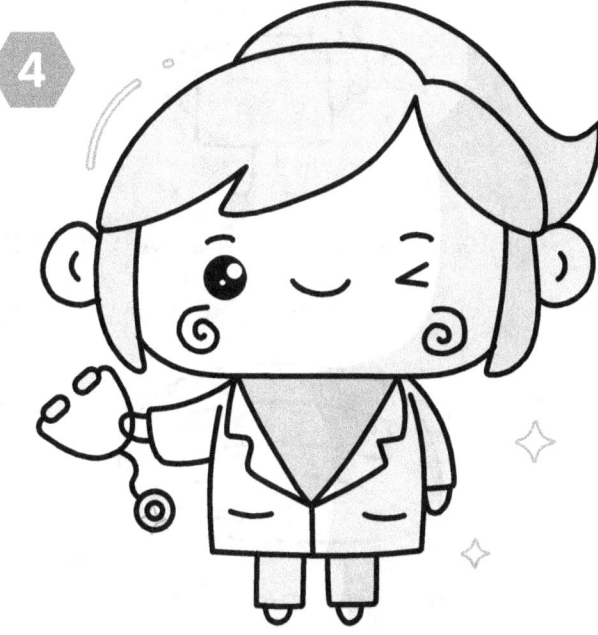

Peignons! Médecins en blouse blanche

Venez me
voir si vous ne vous
sentez pas bien

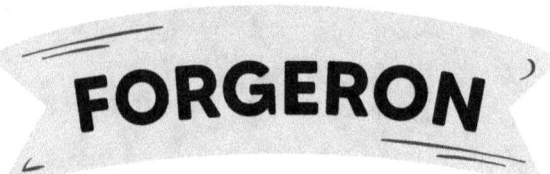

FORGERON

1

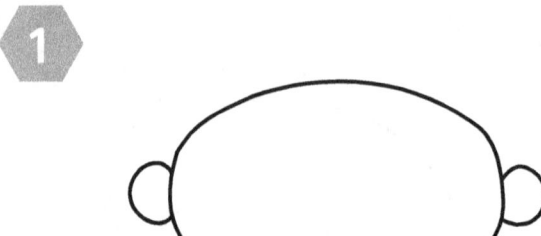

Dessinez une tête ovale avec deux oreilles

2

Maintenant un petit corps avec un tablier

3

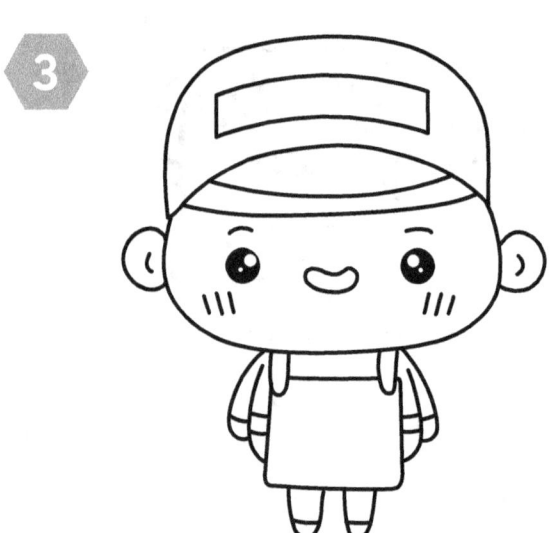

Et un masque de soudure relevé

4

Moulage du fer et d'autres métaux à votre convenance

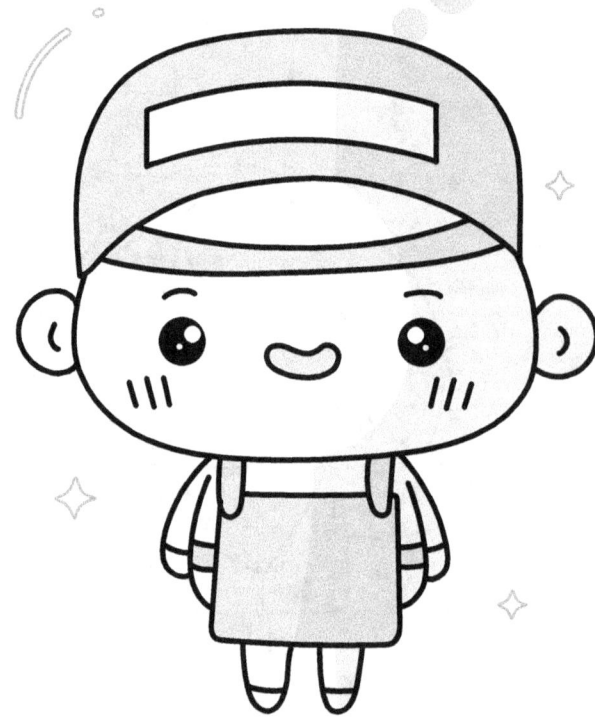

Peignez-le dans vos couleurs préférées !

STREAMER

1

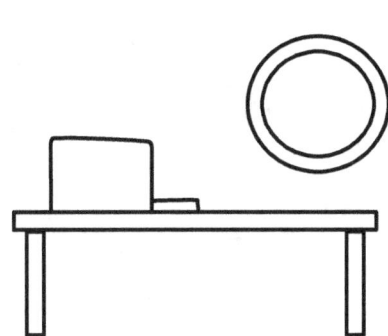

Commencez par la table, l'ordinateur et l'anneau lumineux

2

Maintenant le garçon avec une coiffure moderne

3

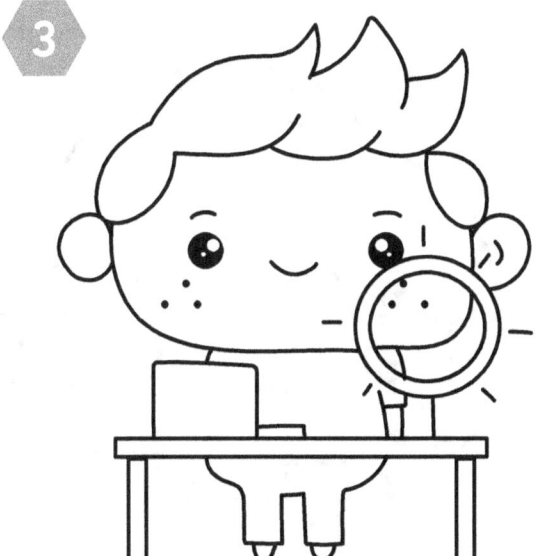

Quelques rayons de lumière et le petit visage!

4

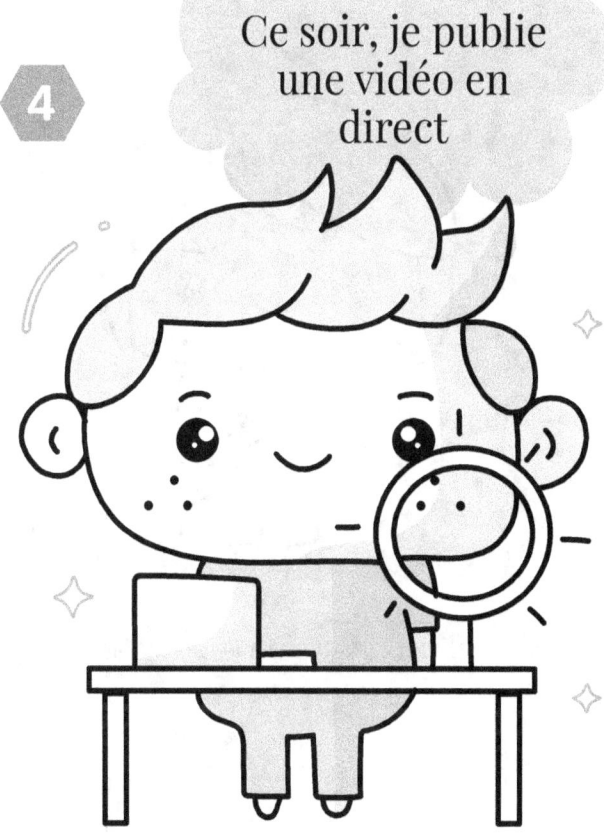

Ce soir, je publie une vidéo en direct

Choisissez une variété de couleurs

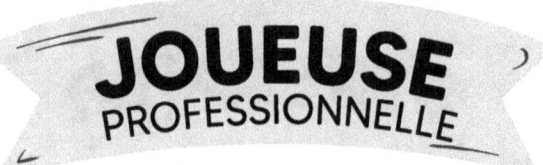

JOUEUSE
PROFESSIONNELLE

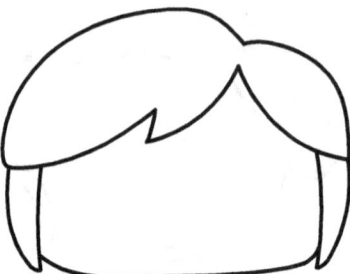

N'oubliez pas que nous commençons toujours par le haut

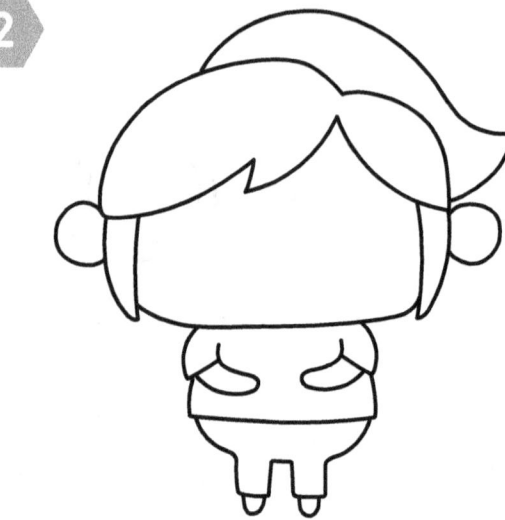

Lorsque vous dessinez le corps, placez les mains vers l'intérieur

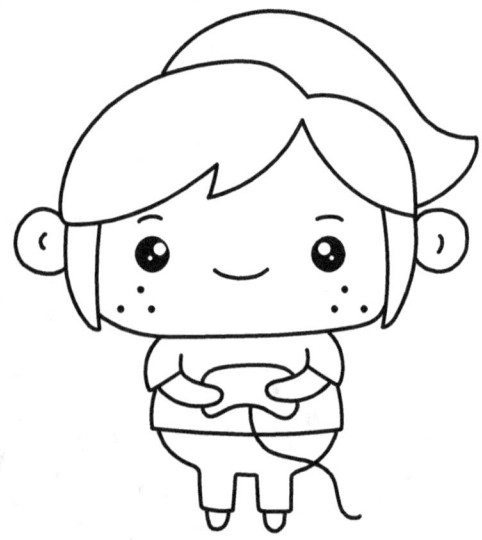

Ajoutez la manette de jeu et jouez!

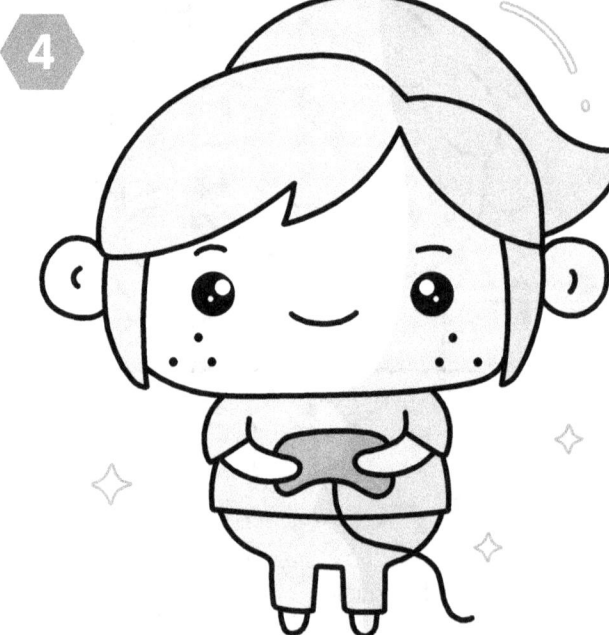

Osez une couleur de cheveux amusante

Jouerons-nous
en solo ou en équipe?

MODÈLE

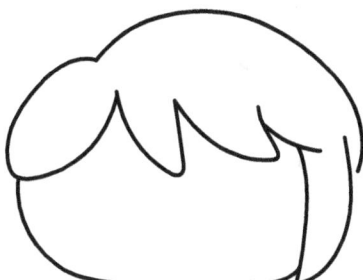

Dessiner la tête et la frange

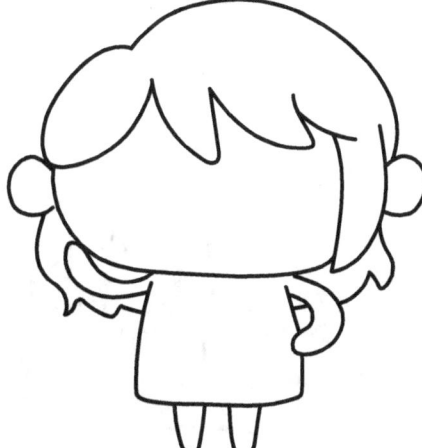

Silhouette complète avec des cheveux et du corps

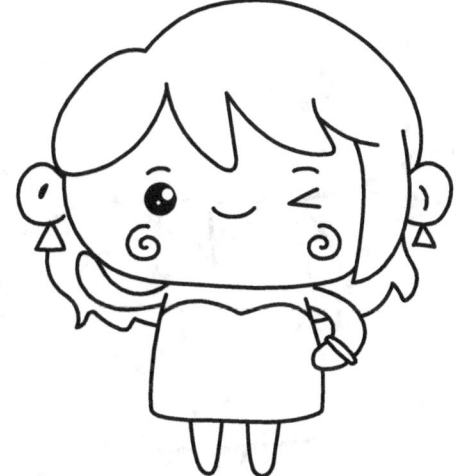

Ajoutez des bracelets, des boucles d'oreilles et une robe bustier

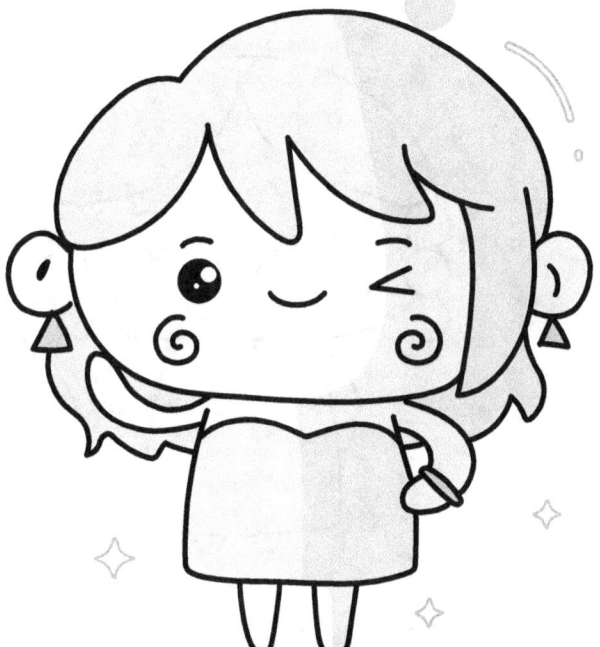

J'adore les défilés et les photos

Utiliser une couleur vive pour la robe

JUGE

1

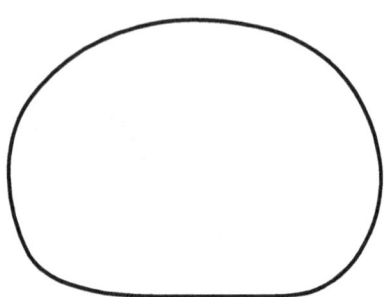

Commencer par un cercle aplati

2

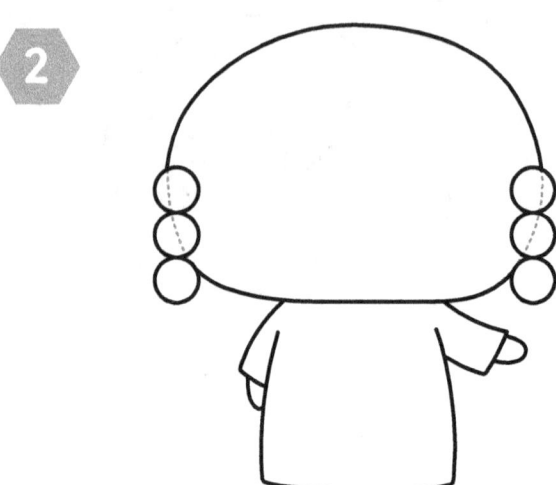

Ajouter 2 bandes de cercles sur les côtés

3

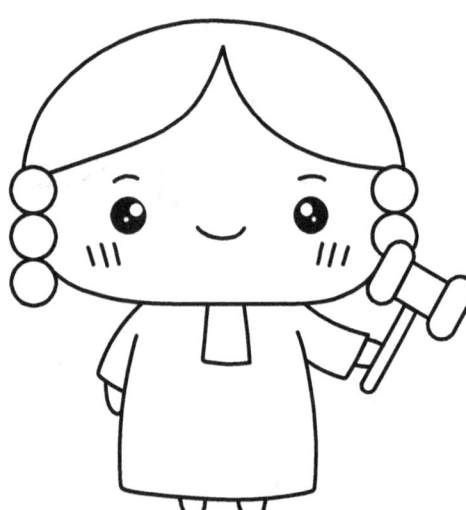

N'oubliez pas le marteau de la justice!

4

Un monde juste est un monde meilleur

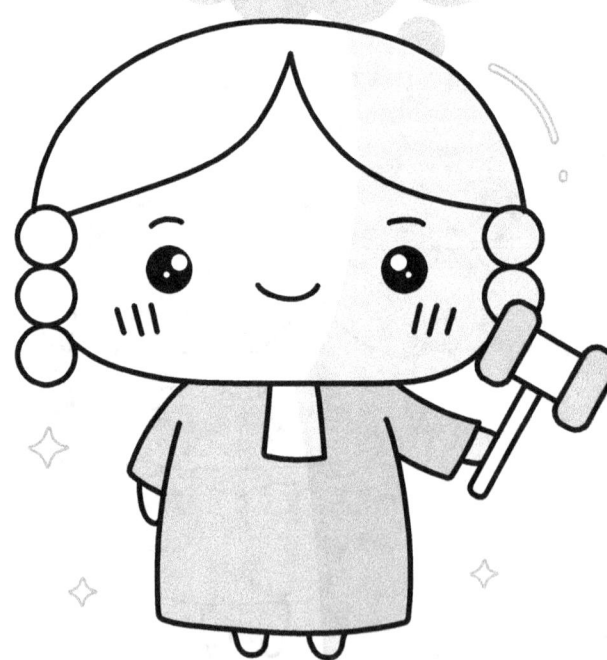

Peignons! La robe est noire

PHOTOGRAPHE

1

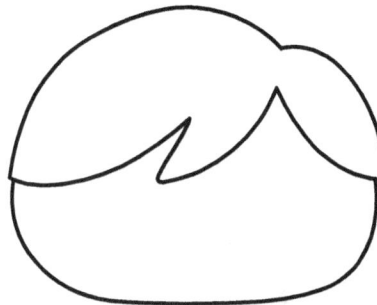

Vous êtes déjà un expert! Tête et cheveux

2

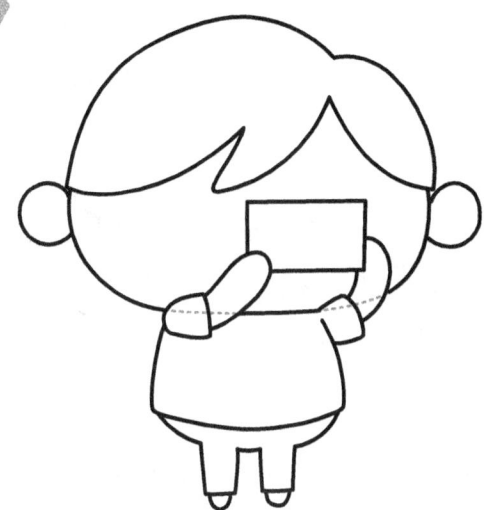

Dessinez le corps avec le rectangle de la caméra

3

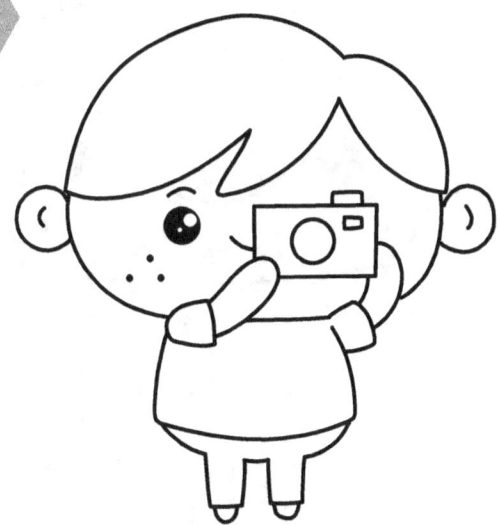

Plus de détails ! et le visage à moitié couvert

4

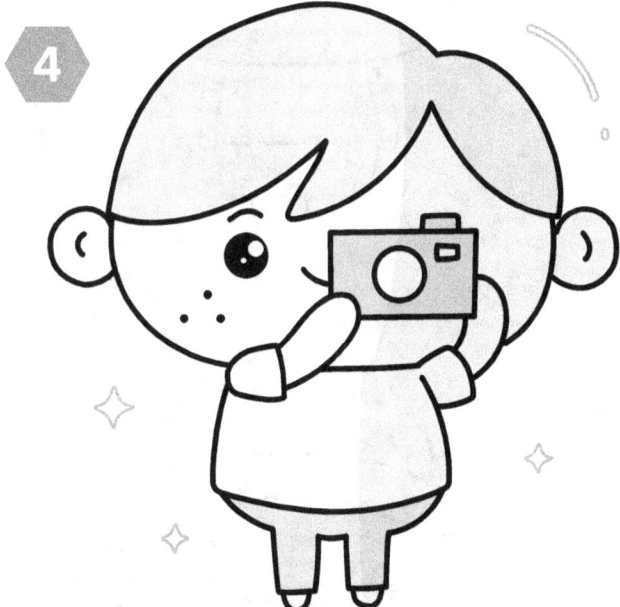

Utilisez vos couleurs préférées

Cheeeese!

FACTEUR

 1

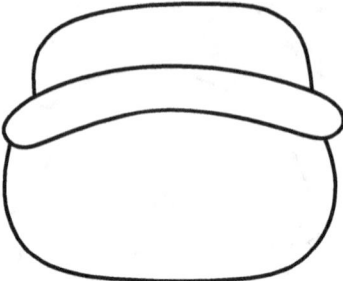

Dessiner 3 silhouettes arrondies et aplaties

 2

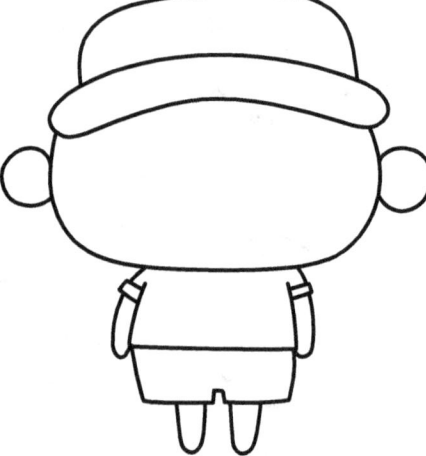

Maintenant la silhouette du corps

 3

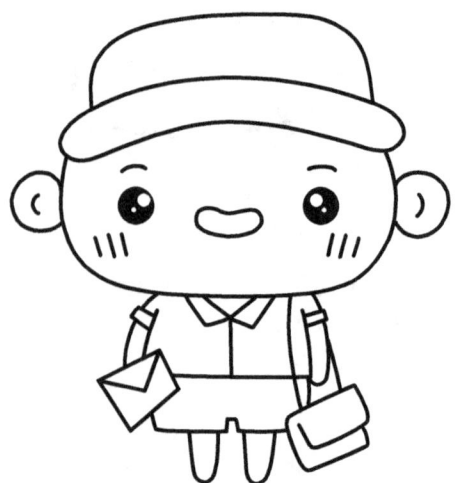

Ajouter le sac postal et les cartes

4

J'ai une lettre pour vous

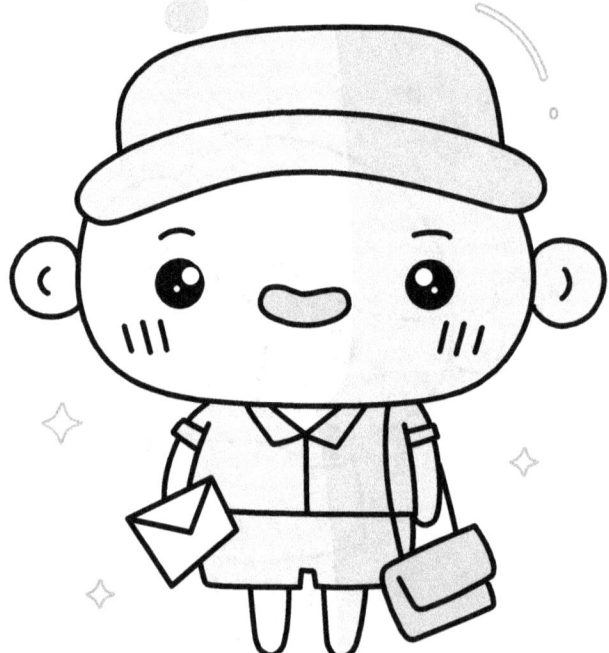

Utiliser la même couleur pour l'ensemble de l'uniforme

PÊCHEUR

1

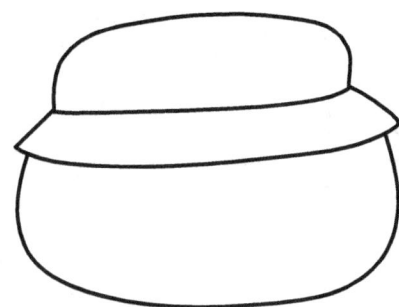

Dessiner un chapeau sur une tête

2

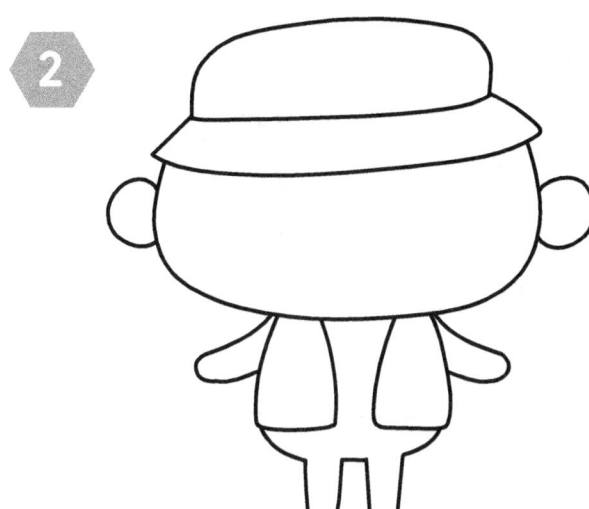

Ajoutez maintenant un corps avec un gilet

3

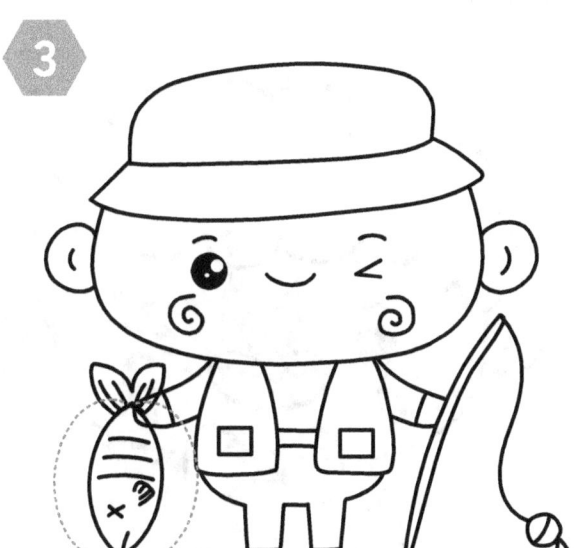

Il a réussi ! Mettez un poisson dans une main et une canne à pêche dans l'autre

4

Pêche au lever du soleil

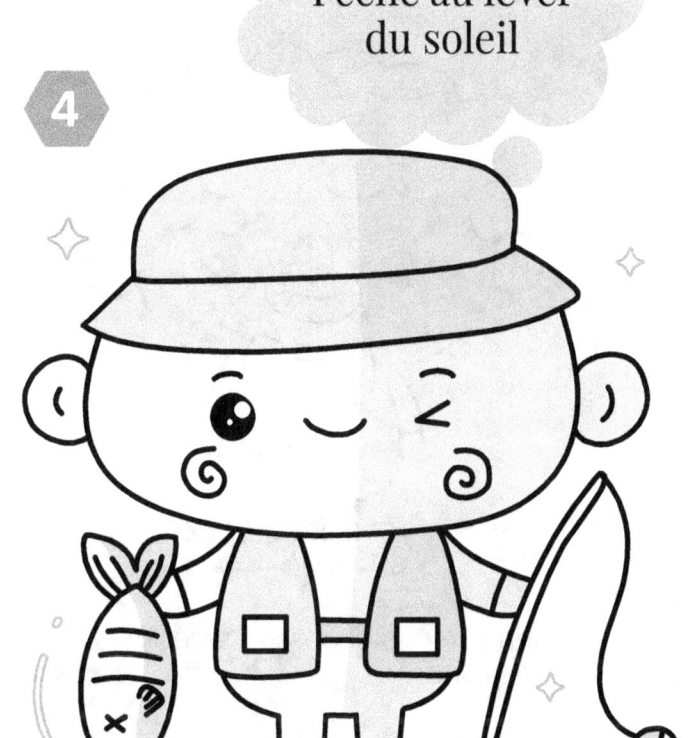

Utiliser des couleurs de camouflage

CLOWN

1

Dessiner un nuage au-dessus d'une tête

2

Maintenant le corps et un grand nœud papillon

3

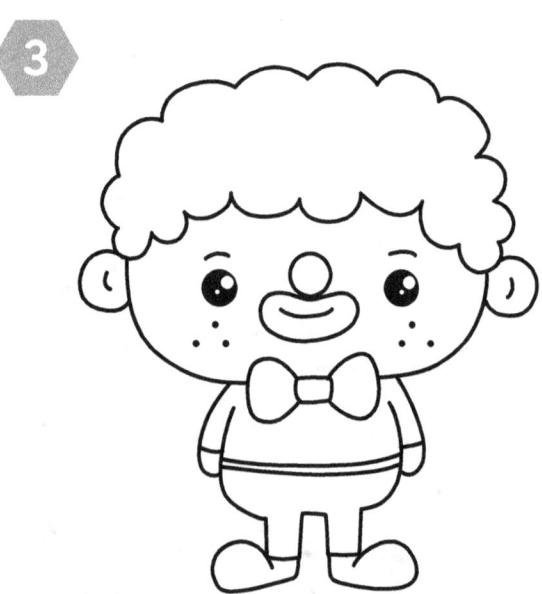

Et bien sûr, des chaussures géantes et un nez rond

4

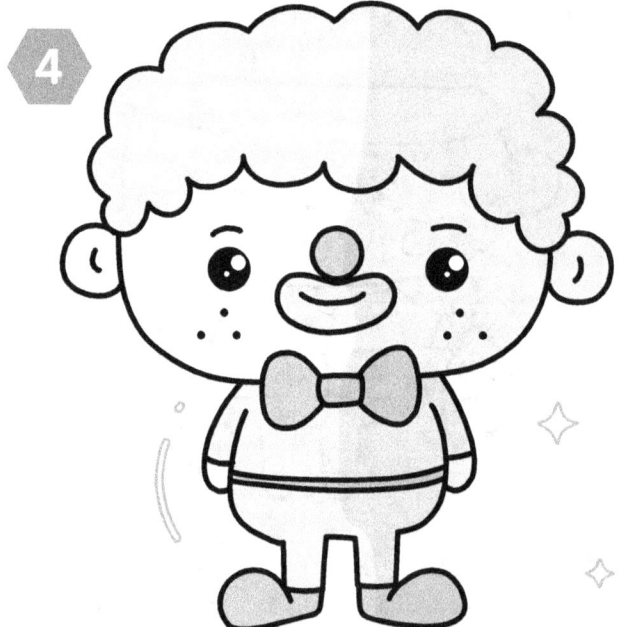

Peignons! Choisis un rouge pour le nez

Je fais rire les enfants

MARIN

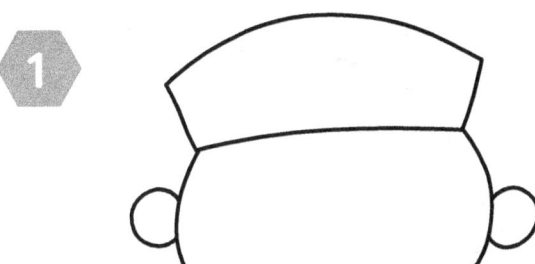

1 Commencez par une tête coiffée d'un petit chapeau de marin.

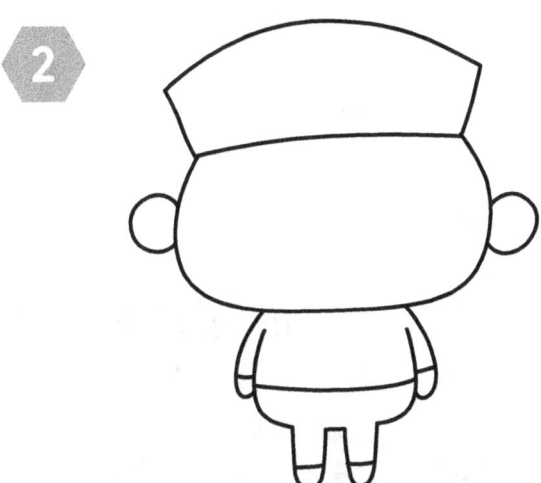

2 Dessiner un corps normal

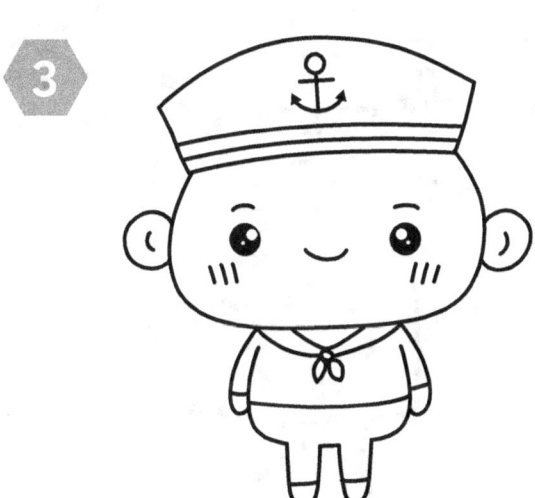

3 Une écharpe autour du cou et l'ancre dans le chapeau.

4 Je peux passer des mois sans poser le pied à terre.

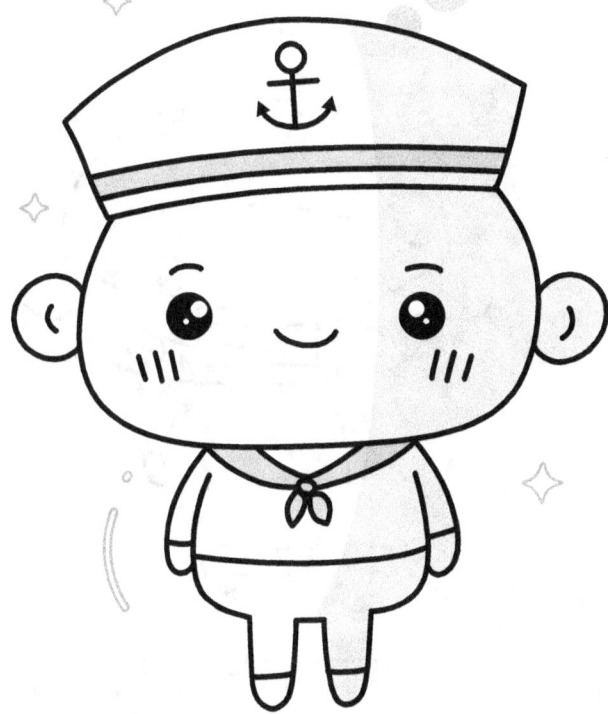

L'uniforme du marin est blanc et les détails sont bleu marine.

CHIRURGIEN

1

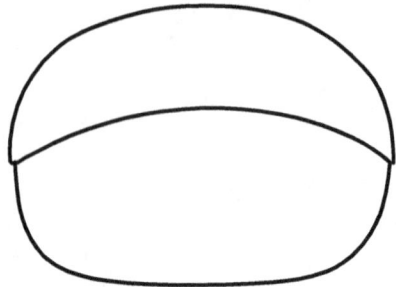

Dessine la forme d'un bol surmonté d'une lune

2

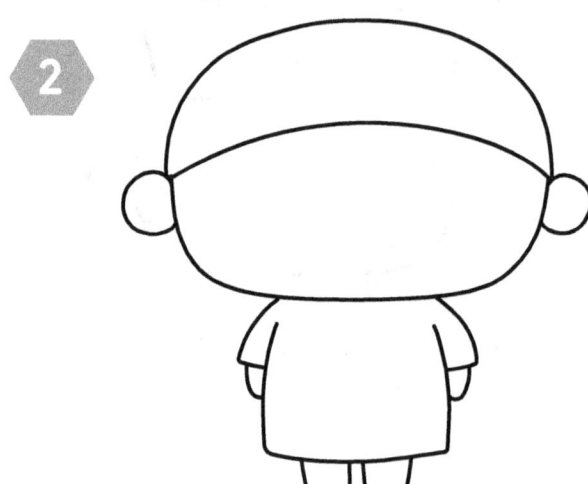

La blouse du chirurgien

3

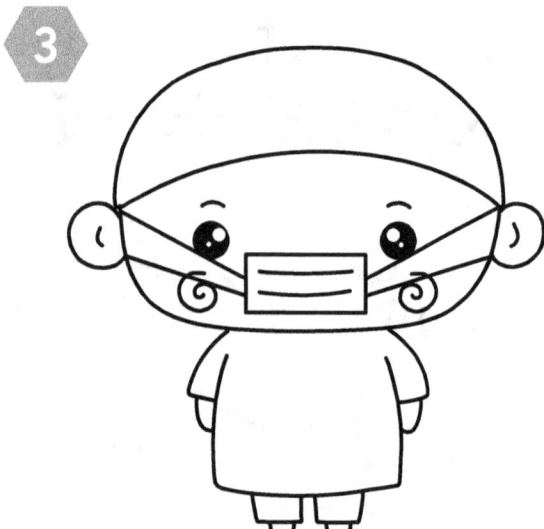

Les joues sont en forme de spirale

4

Sauver des vies dans les hôpitaux

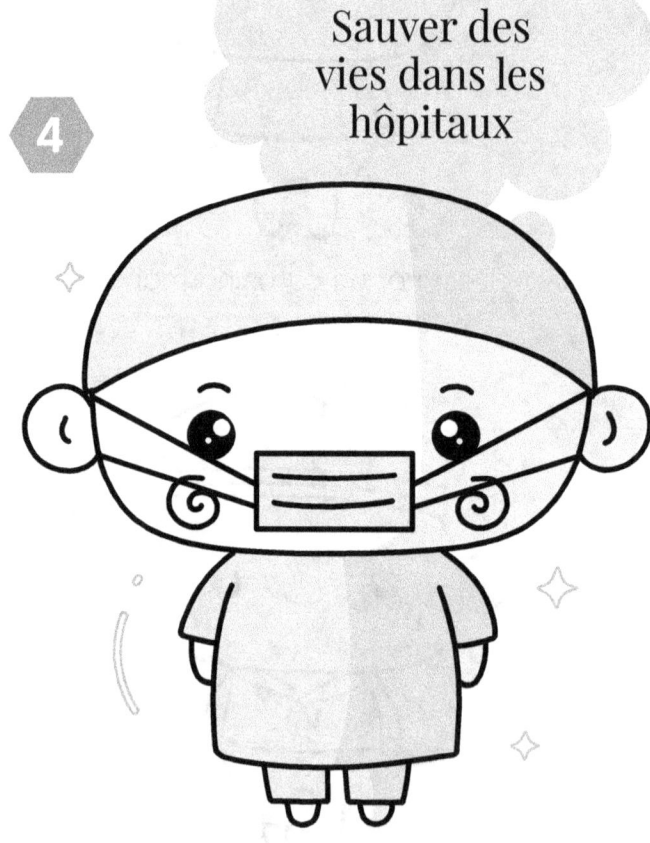

Peignons! La blouse et le masque sont généralement vert émeraude

SOLDAT

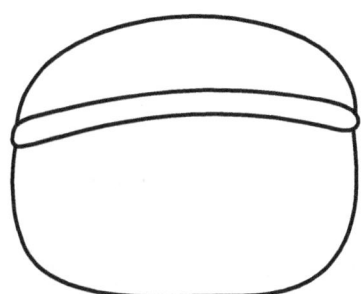

Il commence par des formes ovales ou carrées

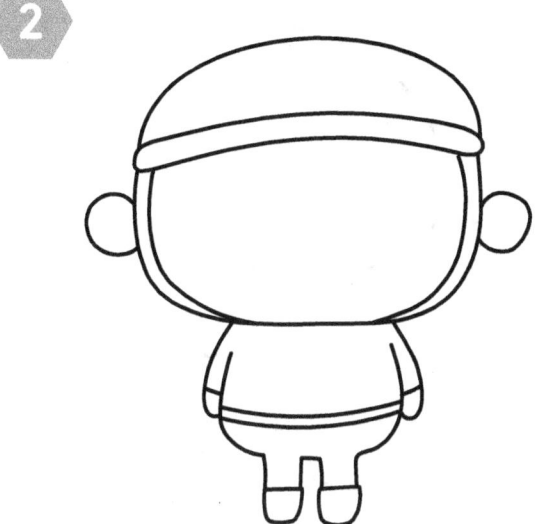

Il suit le corps et met le casque

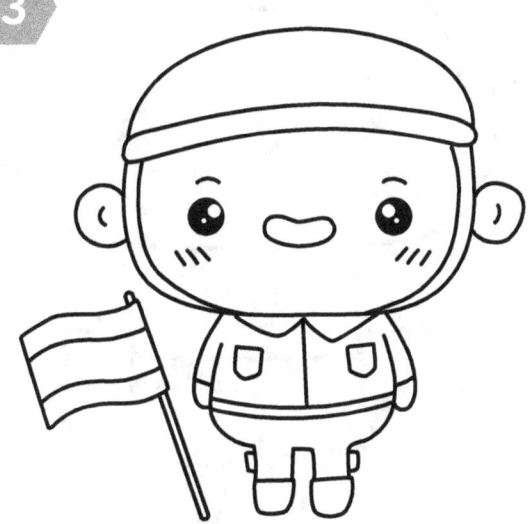

Très important! Le drapeau de votre pays

Peignez les vêtements en vert militaire et le drapeau aux couleurs nationales

Je protège et
je sers mon pays

BOXEUR

1

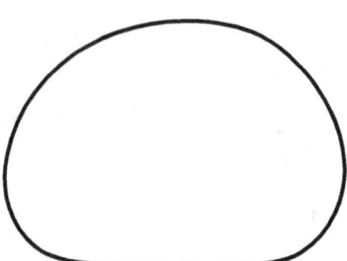

Dessiner un cercle aplati

2

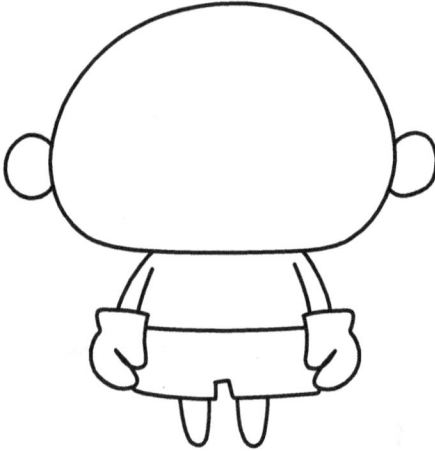

Exagère la taille des gants

3

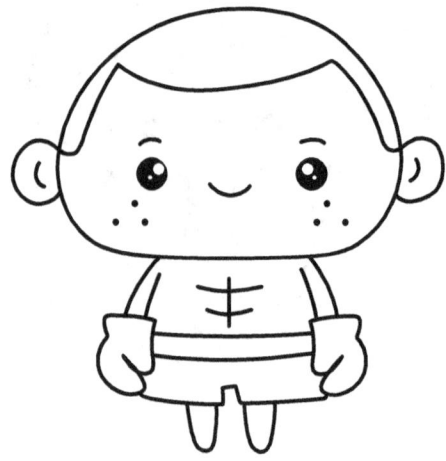

Il est fort! Marquez ses muscles et laissez-le les cheveux rasés

4

Je m'entraîne très dur avant chaque combat

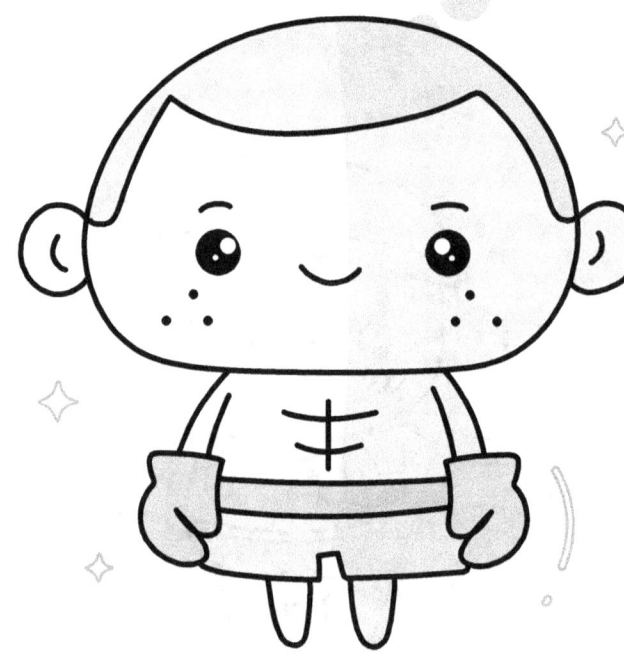

Que diriez-vous de gants rouges?

POLICE

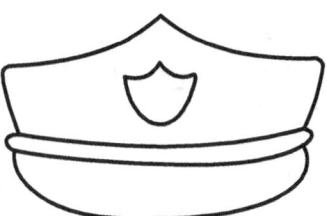

Un petit chapeau avec trois pointes au sommet et le bouclier au milieu

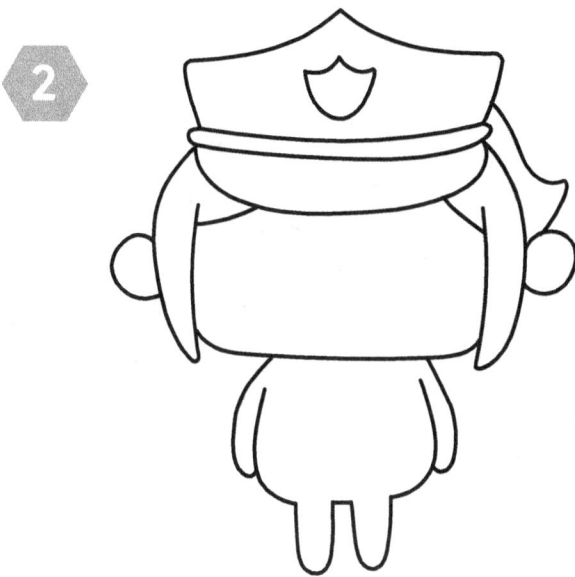

Maintenez le corps et les cheveux en queue de cheval

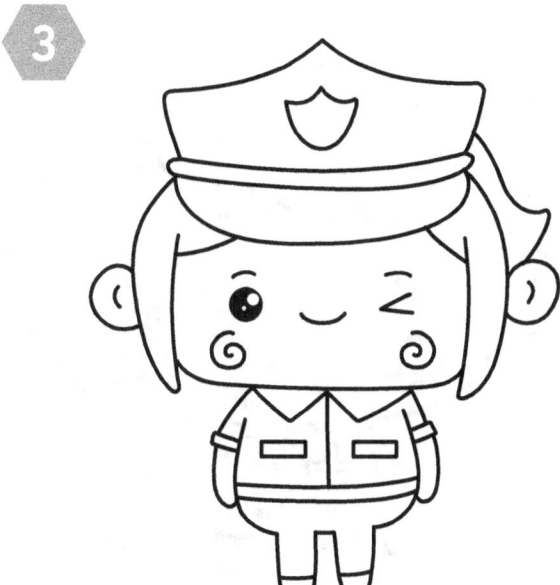

Tous les détails de l'uniforme manquent!

Les rues doivent être sûres

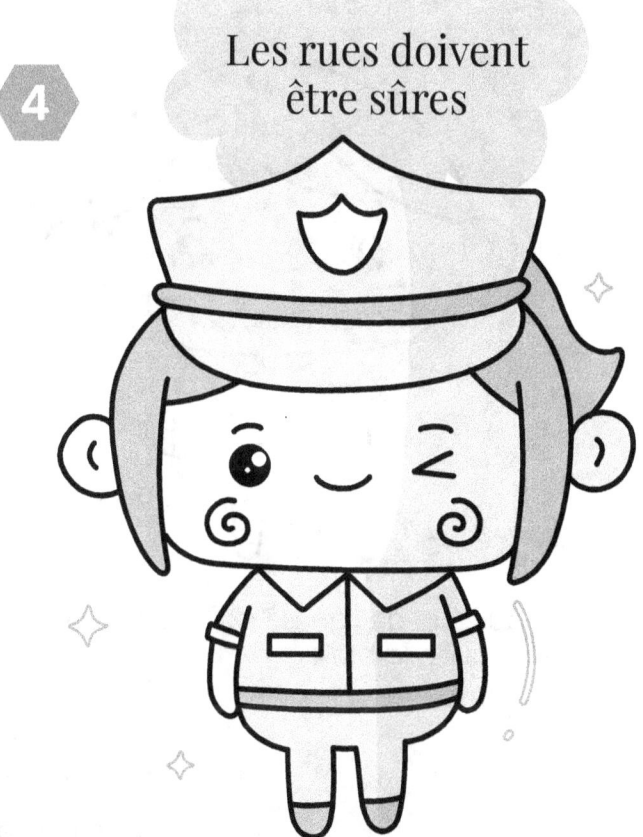

Peindre l'uniforme en bleu!

PRÊTRE

1

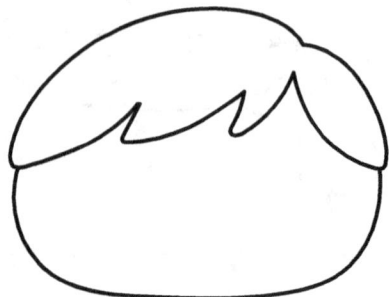

Première étape: tête et cheveux avec 4 pointes

2

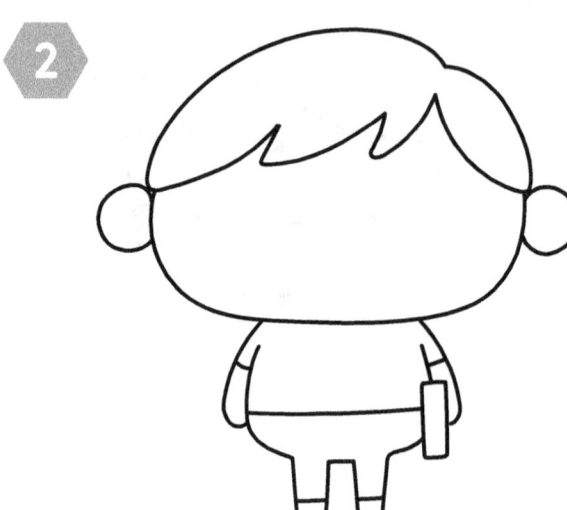

Les prêtres vont partout avec leur bible, dessinez un livre rectangulaire dans sa main

3

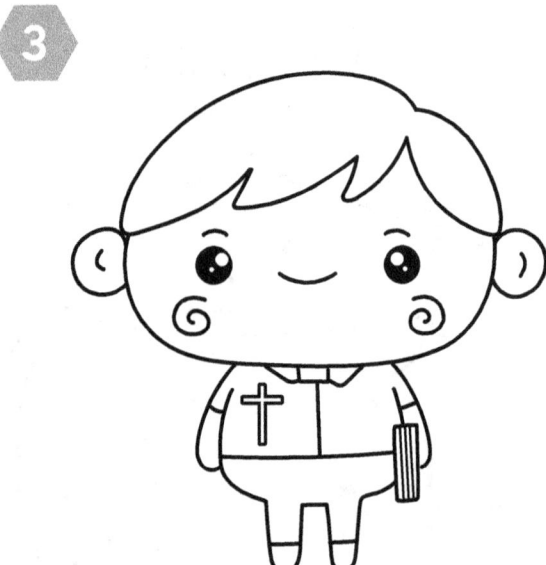

Beaucoup de lignes ! pour la croix et les feuilles de la bible

4

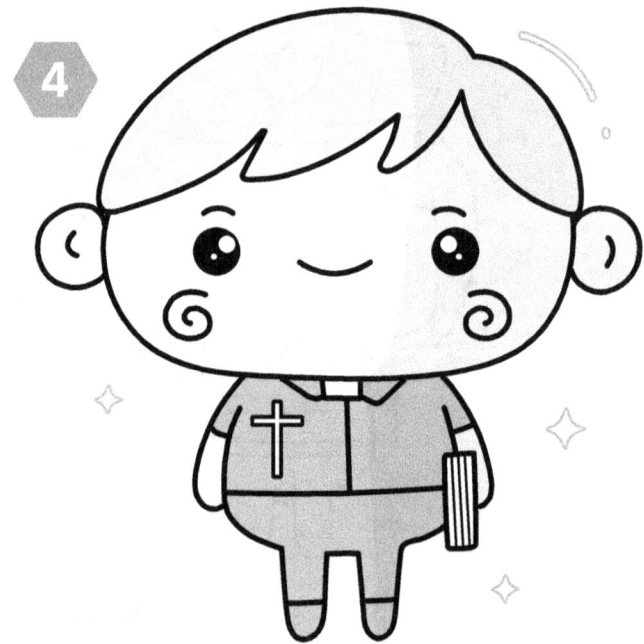

Peignons! Les vêtements sont généralement noirs

Soyons
tous de meilleures
personnes

MAGICIEN

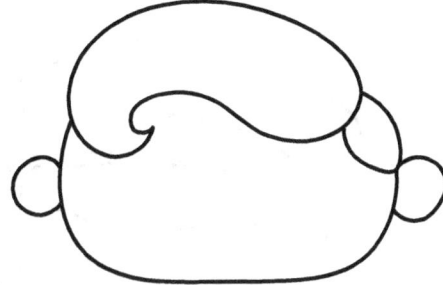

Créer une tête avec des cheveux en spirale

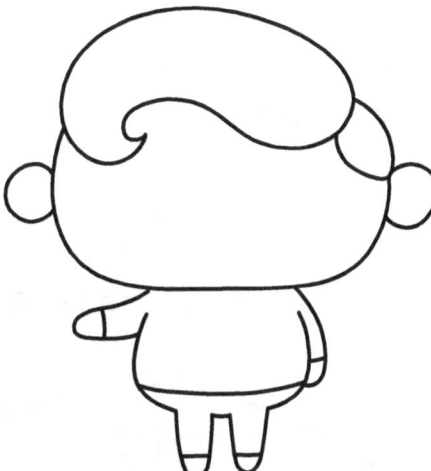

Comme toujours ! La silhouette du corps

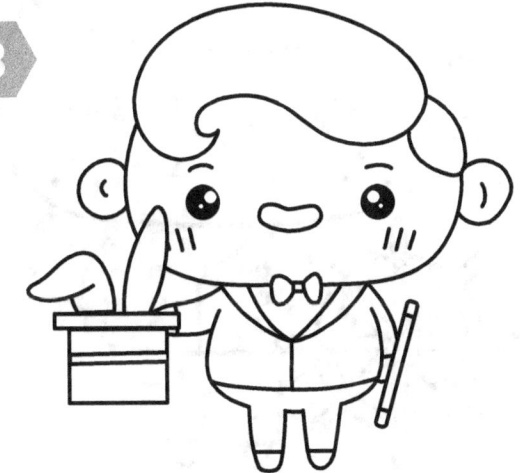

En détail ! Un chapeau avec de longues oreilles de lapin et la baguette magique

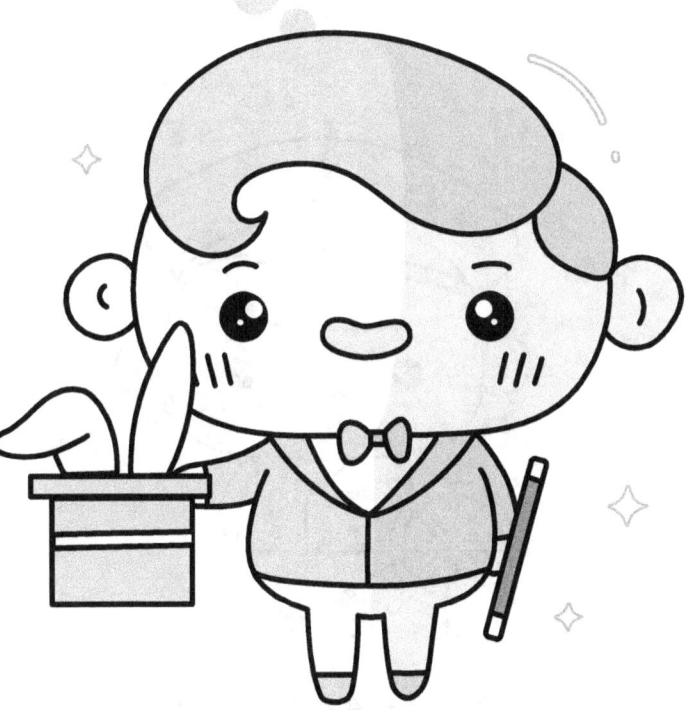

Abracadabra!

Peignons! Le violet est la couleur de la fantaisie

CAPITAINE
DE NAVIRE

1

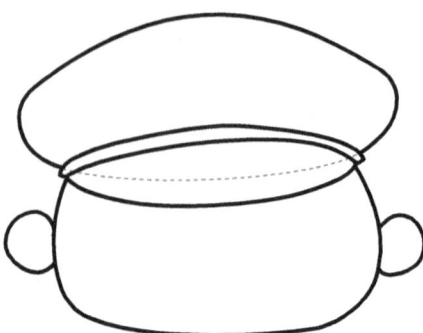

Commencez par le sommet de la tête avec un bonnet légèrement pointu

2

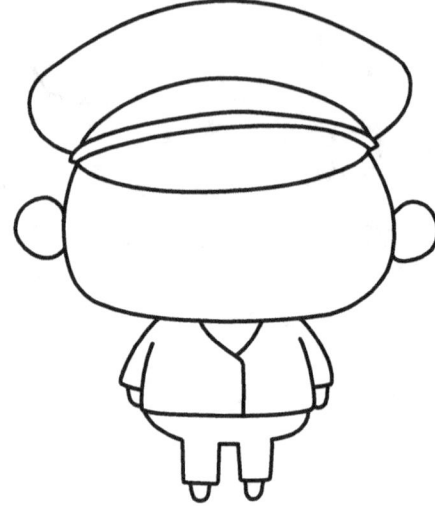

Habillez-le d'une chemise à double boutonnage

3

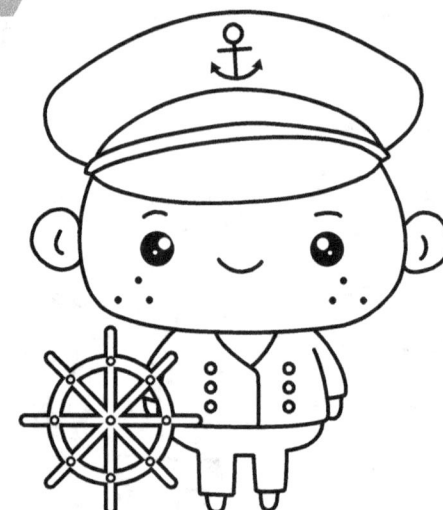

Avec 1 cercle et 4 lignes croisées, vous obtiendrez le gouvernail du navire

La mer est ma maison

4

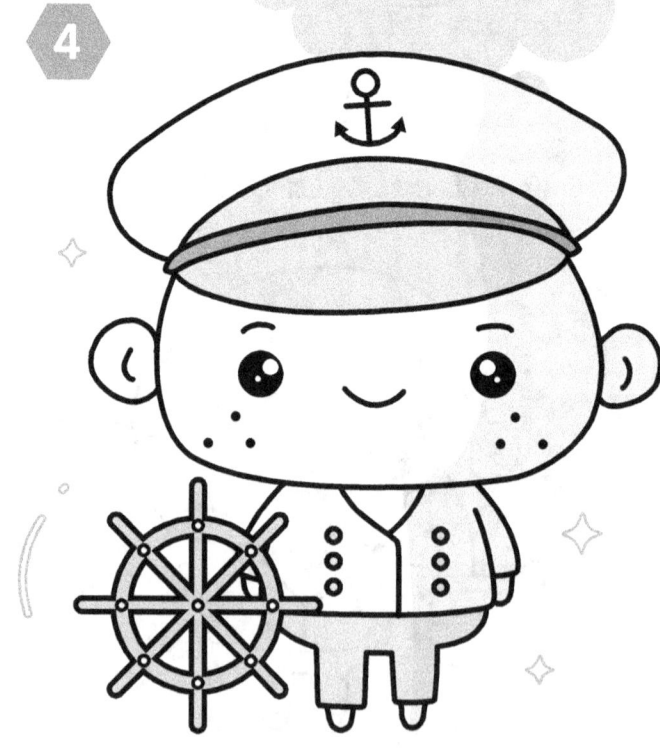

Que diriez-vous d'un bleu marine et d'un blanc?

CONCIERGE

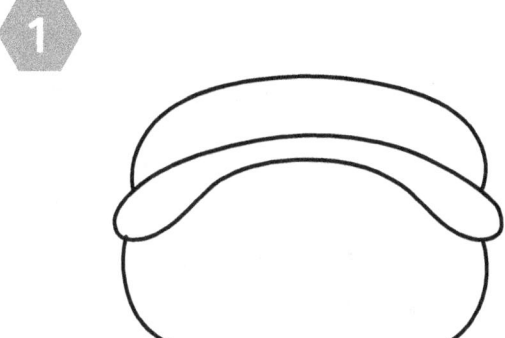

Crée 3 formes arrondies pour la tête

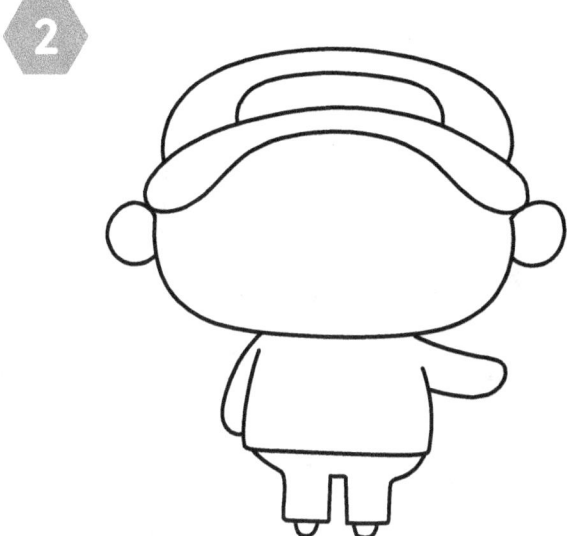

Poursuivez par le corps et un bras tendu

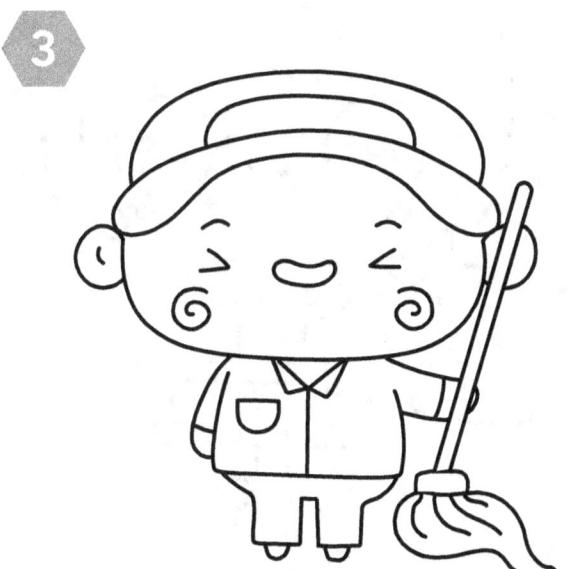

Et la serpillière! pour garder le sol propre.

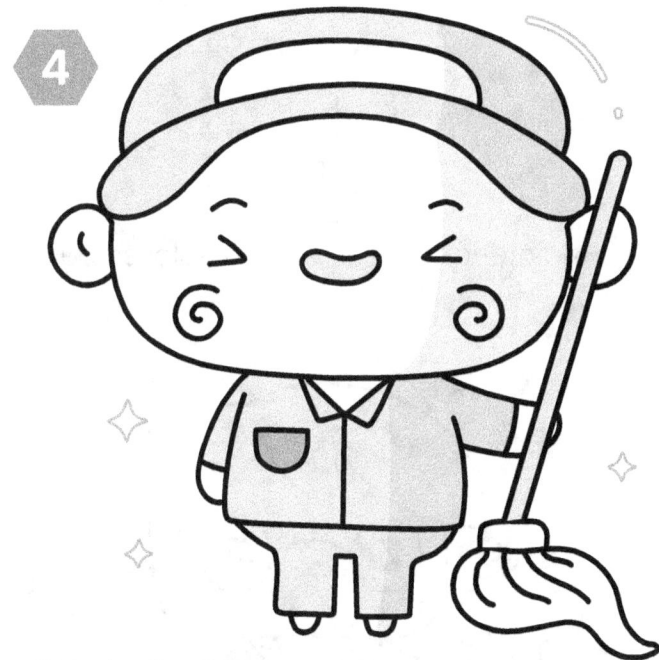

Peindre l'uniforme en bleu ou en marron

Nous sommes amicaux et serviables

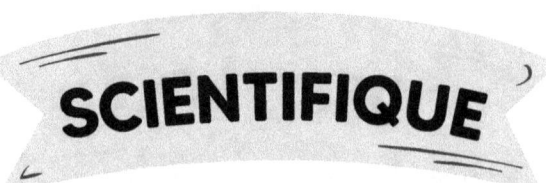

SCIENTIFIQUE

1

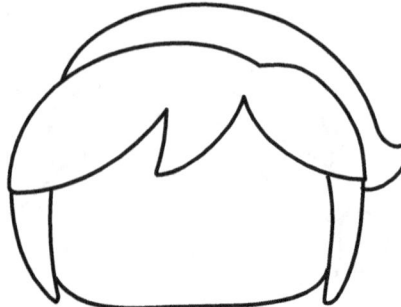

Dessine la fille avec des nattes

2

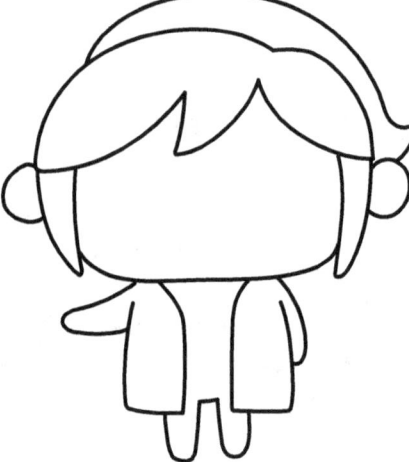

Maintenant le corps et une blouse ouverte

3

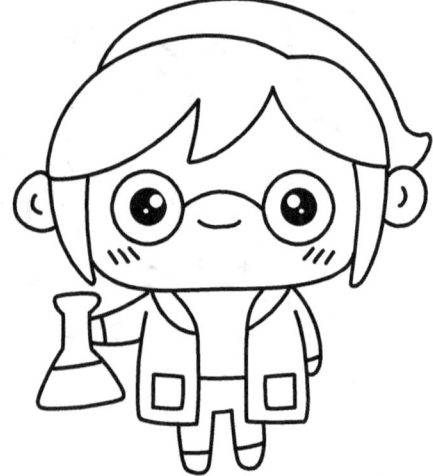

Ajoutez un ballon géant et des lunettes ronds

4

Je suis curieuse et organisée

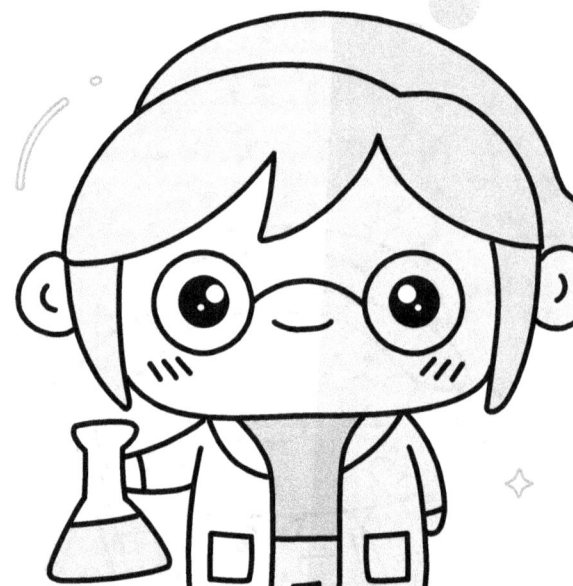

Peignons! Choisis ta couleur préférée

PUBLICISTE

1

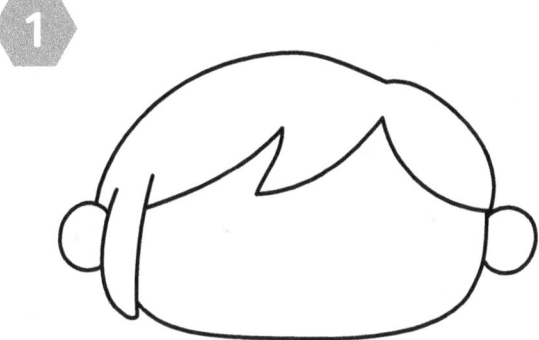

Dessinez la base de la tête avec des franges

2

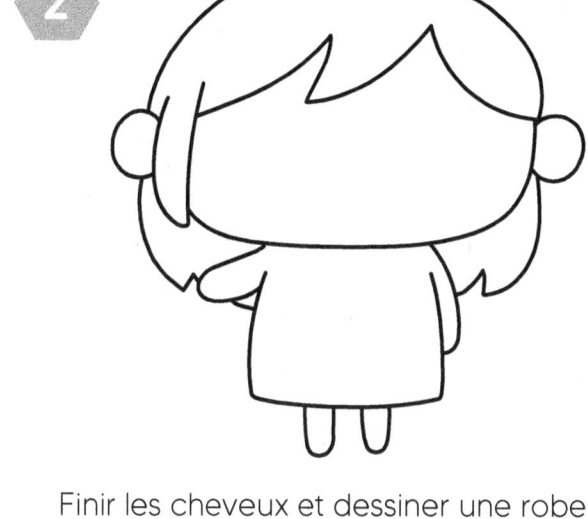

Finir les cheveux et dessiner une robe

3

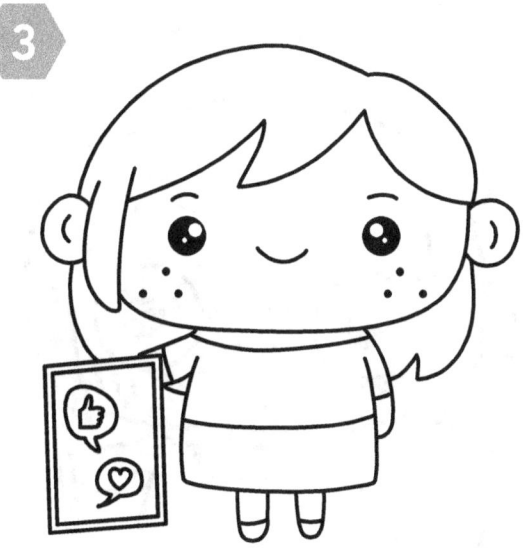

Enfin, le panel d'idées. Et le sourire!

4

Mes idées feront vendre votre produit

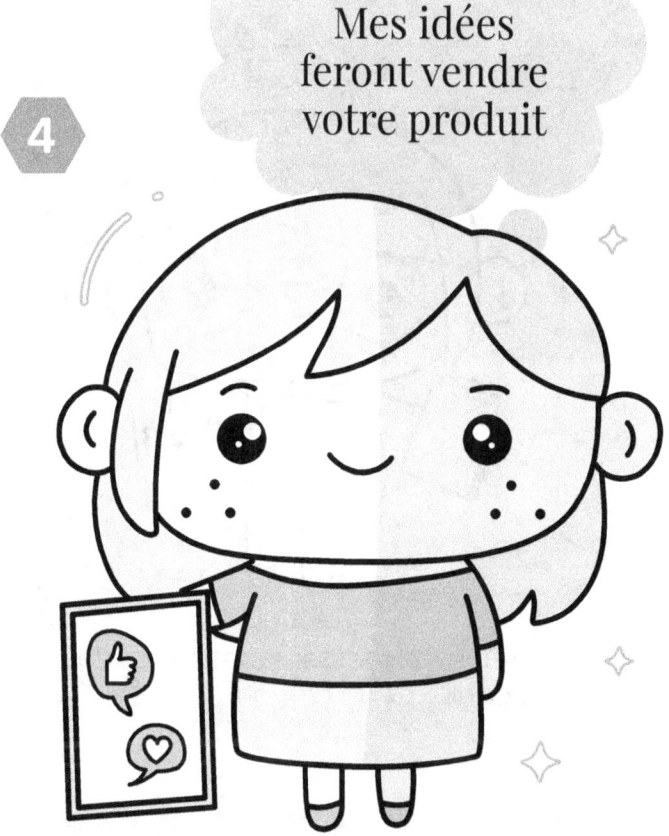

Vous pouvez la peindre dans la couleur de votre choix

CONCEPTRICE

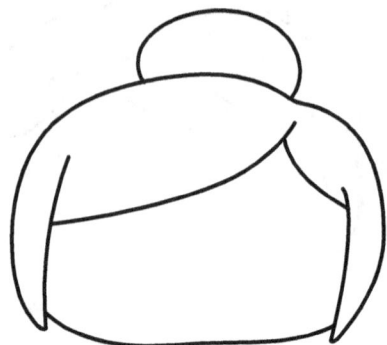

1

Un cercle aplati en guise d'arc et deux pointes sur les côtés

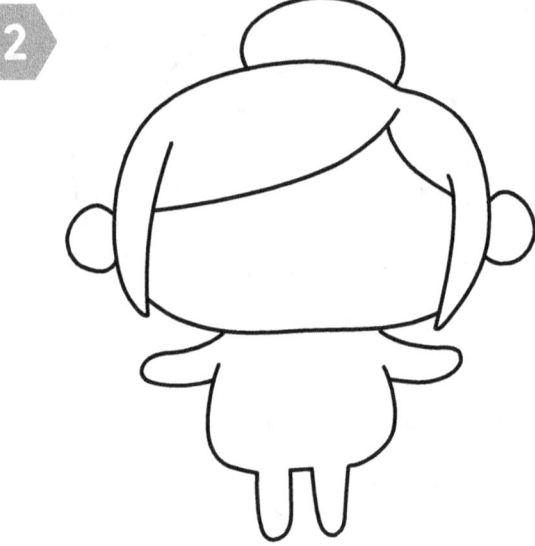

2

Maintenant un corps rond

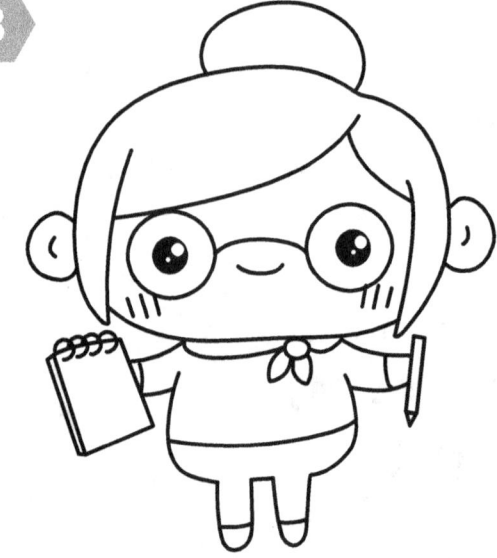

3

Dessine de grosses lunettes rondes, un cahier et un crayon

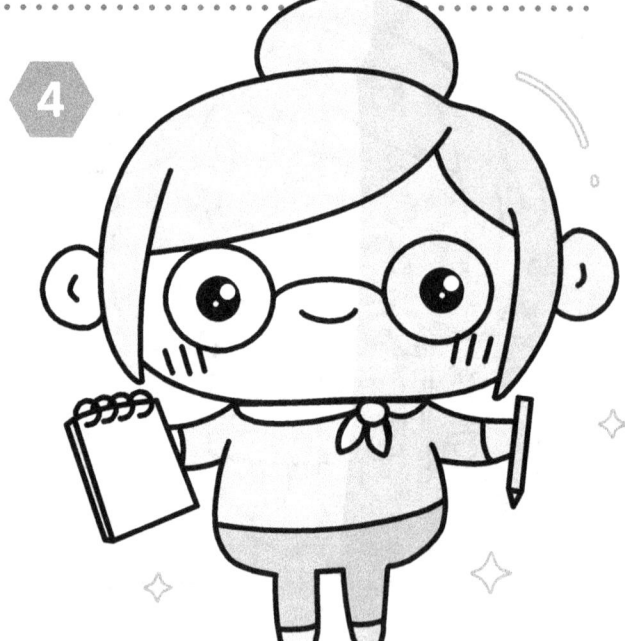

4

Peignons! Utilisez des couleurs gaies

Je suis
créative et organisée

INVESTISSEUR

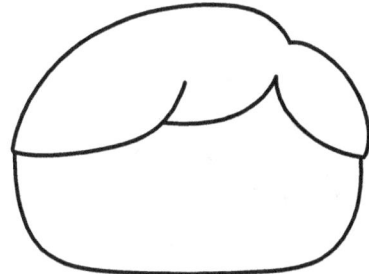

Crée un cercle de forme irrégulière et des cheveux bien coiffés

Commencez par un pantalon et un T-shirt

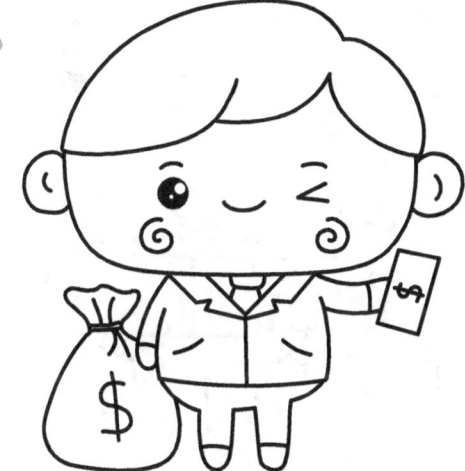

Transformez votre T-shirt en veste et ajoutez-y beaucoup d'argent

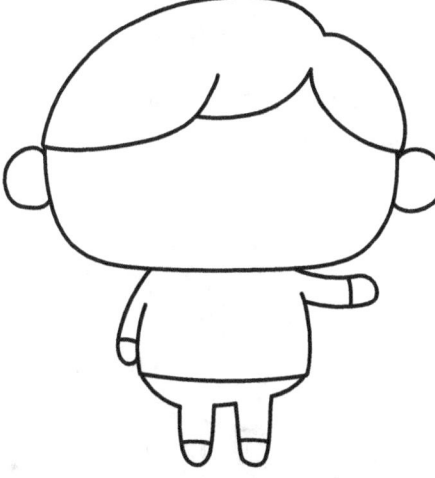

Je soutiens des idées avec mon argent

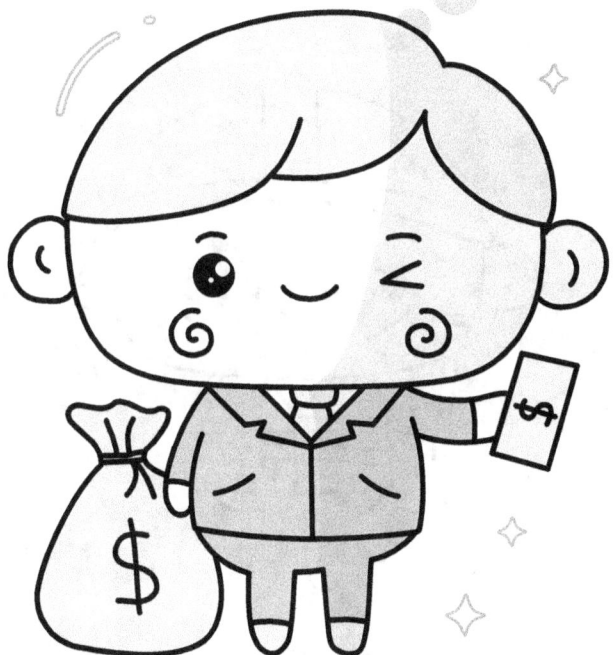

Peignez le billet en vert! et le costume sombre

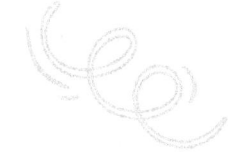

TRAVAILLEUR

1

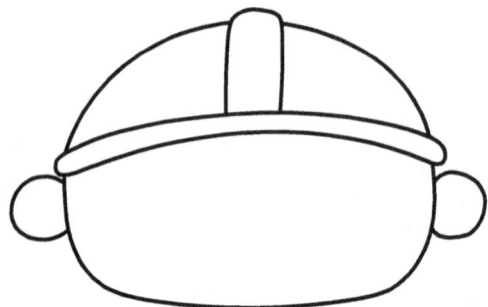

Commencez par la silhouette de la tête avec le casque et les oreilles rondes

2

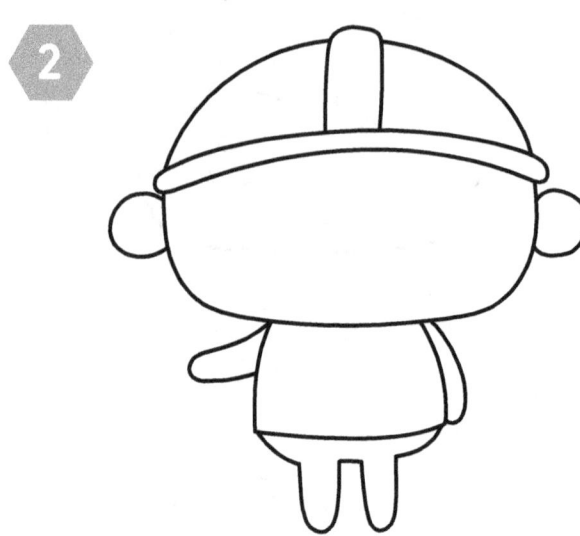

Lorsque vous dessinez le corps, placez un bras ouvert

3

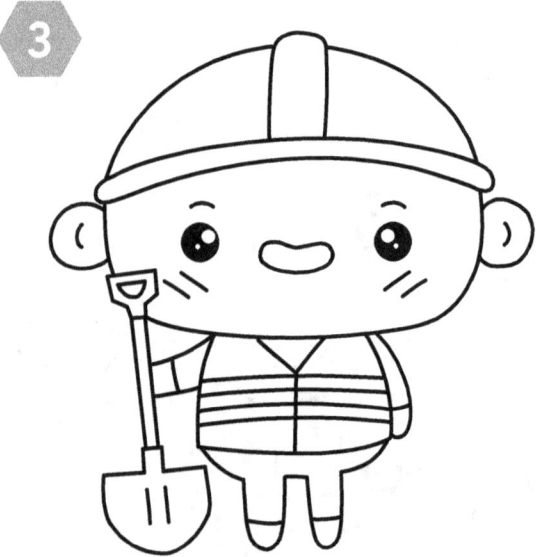

Finissez les détails du gilet réfléchissant et ajoutez une grande pelle

4

Nous construisons des villes

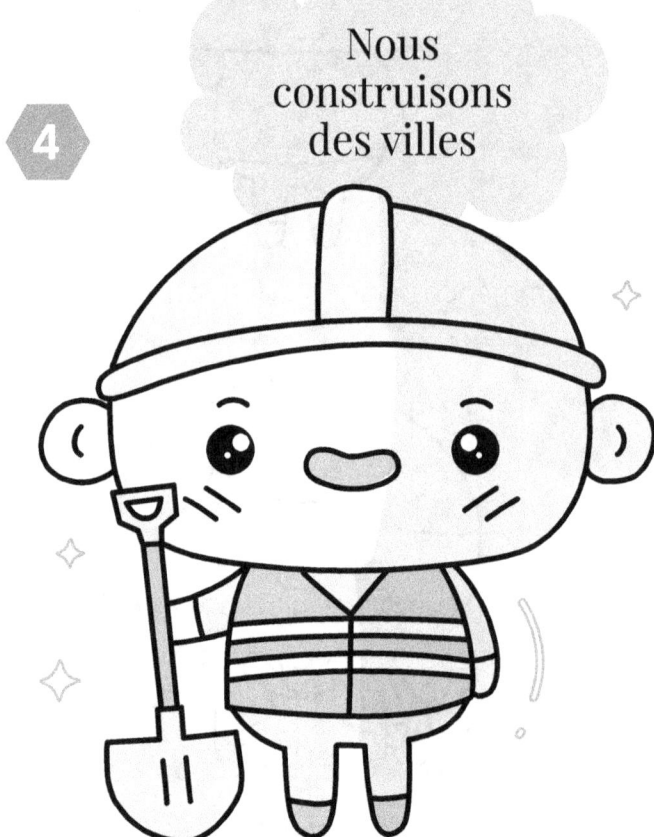

C'est parti pour la peinture! Choisis le jaune pour le casque

PEINTRE

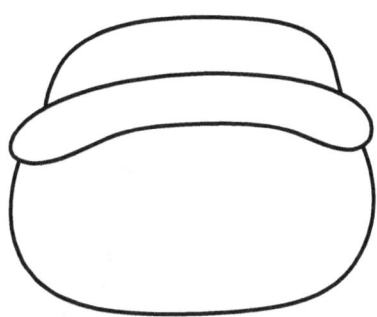

Faire une tête circulaire avec une casquette

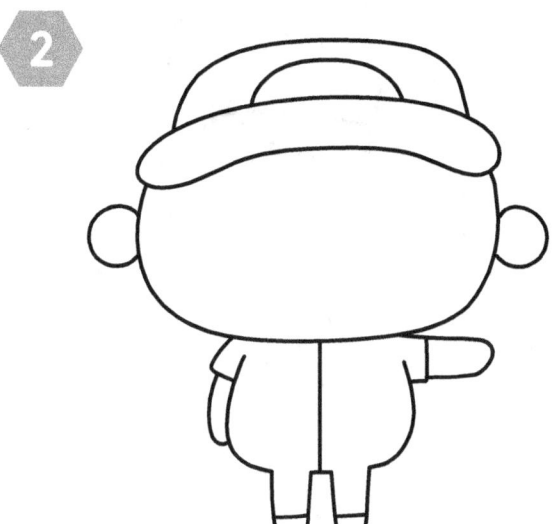

Habillez-le d'une salopette de travailleur avec une fermeture éclair au milieu

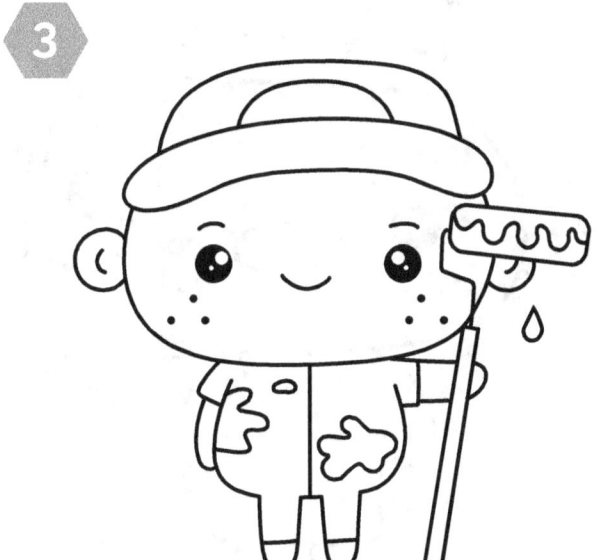

Ajouter le rouleau et les taches de peinture

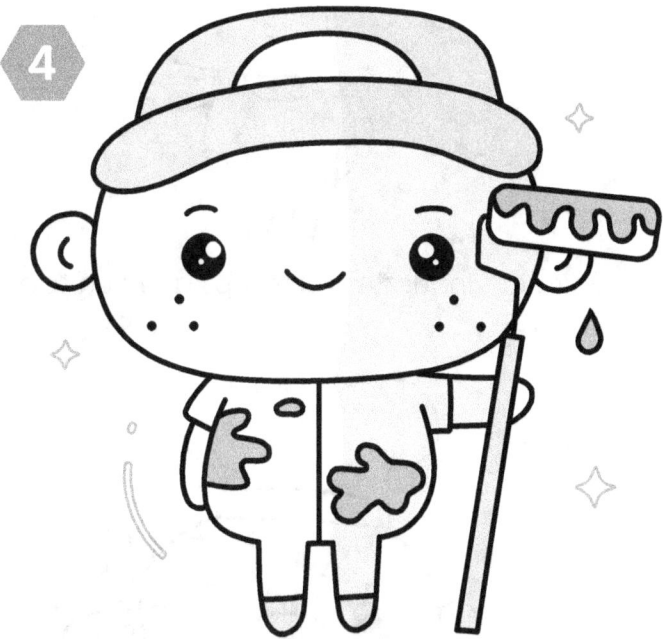

Quelle est la couleur du mur de votre chambre?

Couleurs chaudes
ou nordiques ?

BOULANGER

Commencer par la toque

 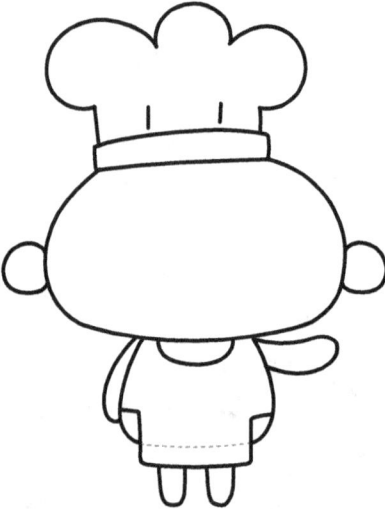

Faire la silhouette d'un corps avec un tablier.

 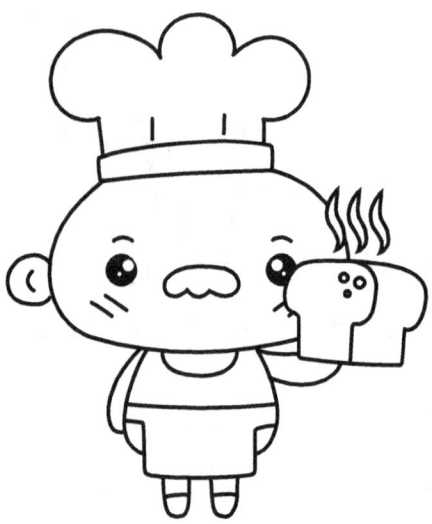

La chose la plus importante est le pain fraîchement cuit !

Je me lève tôt pour faire du pain frais

Laisser la toque blanche et peindre le pain en brun

HÔTESSE
D'ACCUEIL

1

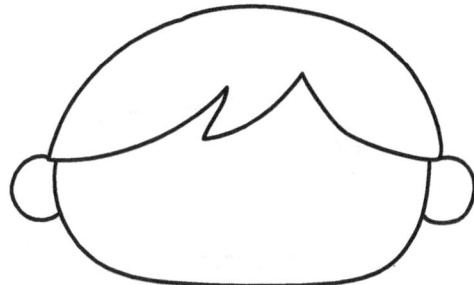

Dessiner une tête avec une frange sur le côté

2

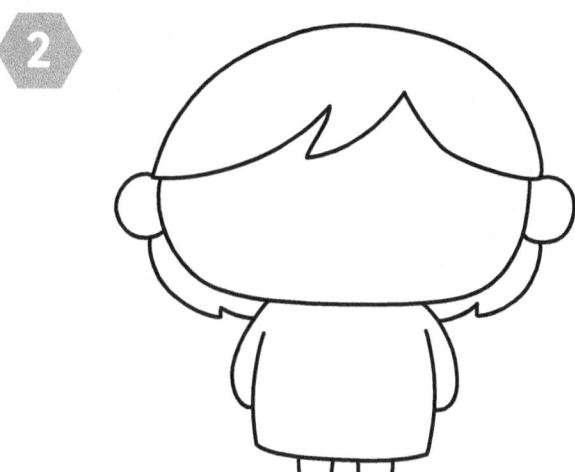

Continue avec la robe et les jambes

3

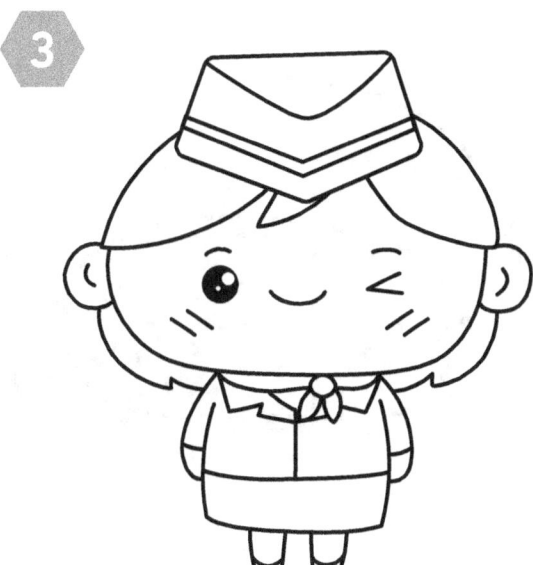

L'uniforme des hôtesses de l'air comporte généralement un foulard et un petit chapeau

4

Je suis là pour vous aider

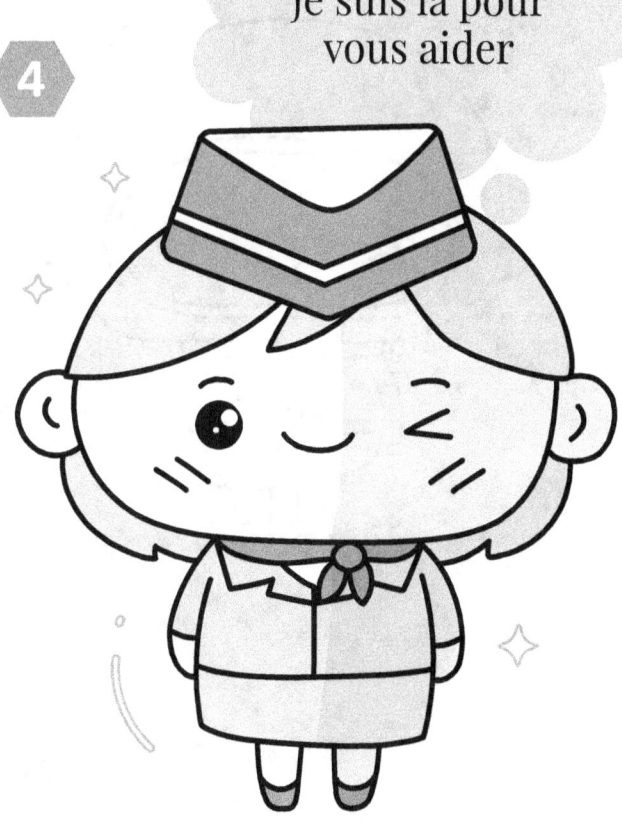

Peindre l'uniforme d'une seule couleur!

ASTRONAUTE

1

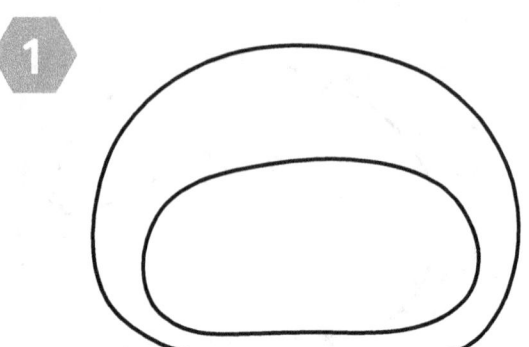

Crée des formes courbes, l'une à l'intérieur de l'autre

2

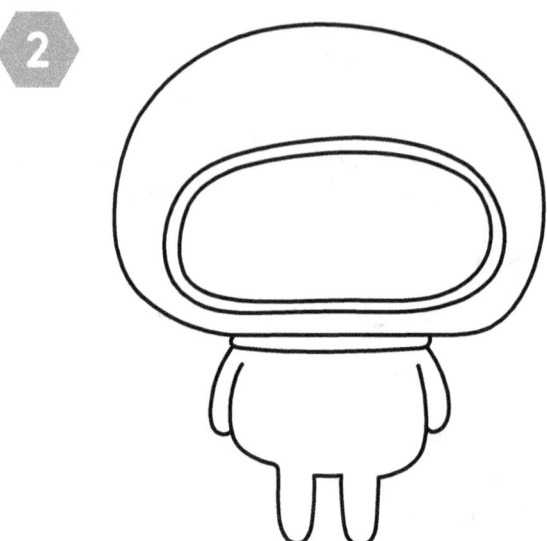

Dessinez le corps et le contour de la figure courbée au centre

3

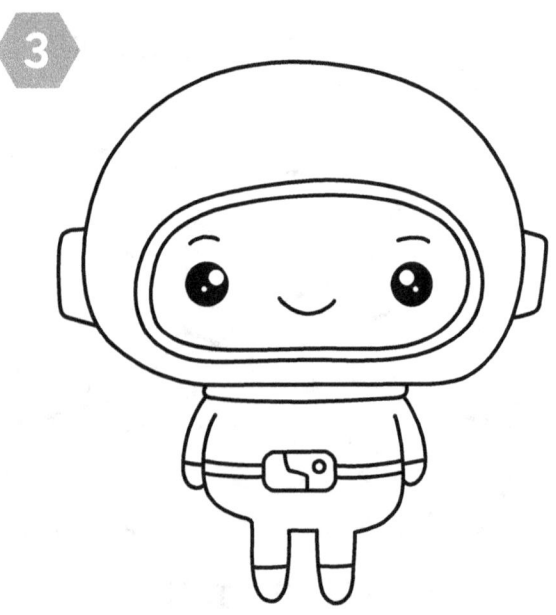

Ajoutez les détails et un grand sourire

4

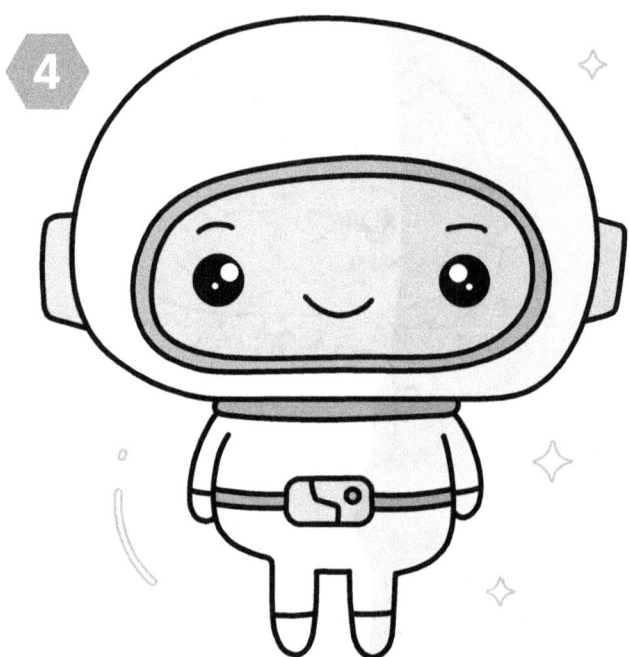

Peindre les détails et laisser le costume blanc

J'ai voyagé
jusqu'à la lune

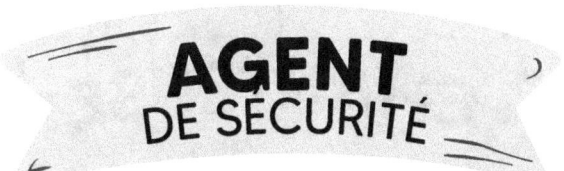

1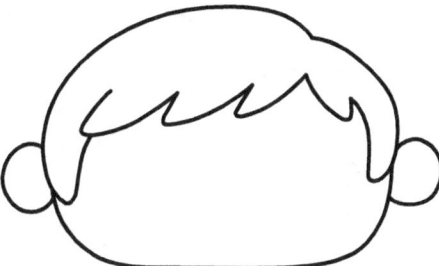

Dessinez un cercle aplati et deux oreilles.

2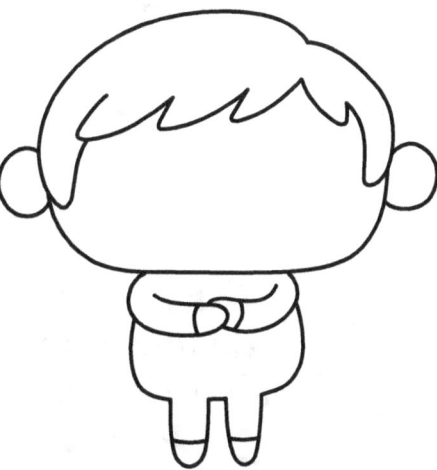

La suite des bras croisés

3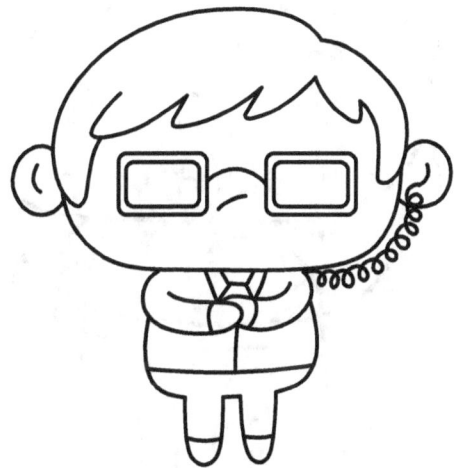

Faites une tête sérieuse avec des lunettes carrées et un appareil auditif.

4

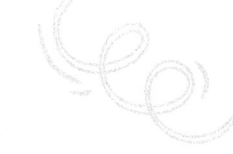

Je ne baisse pas la garde, je suis toujours sur mes gardes

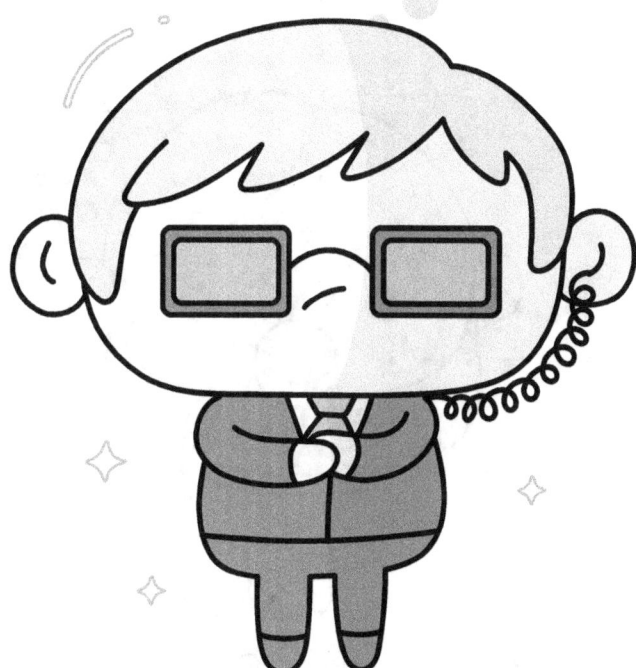

Peignons! Choisis des couleurs foncées

CHANTEUSE

1

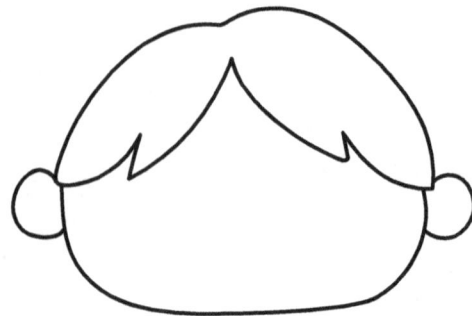

Dessinez la tête classique avec une frange ouverte

2

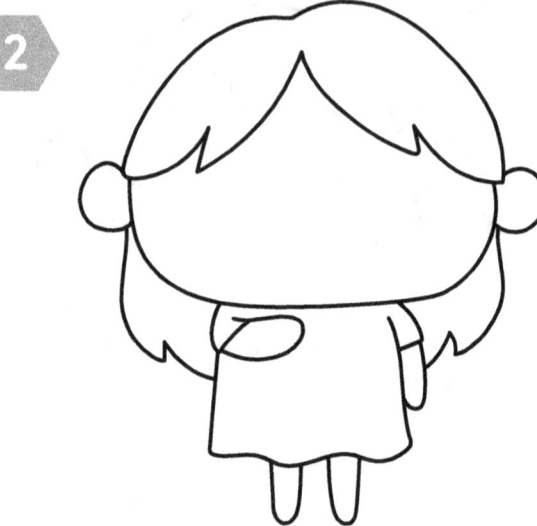

Compléter la coiffure et ajouter une robe

3

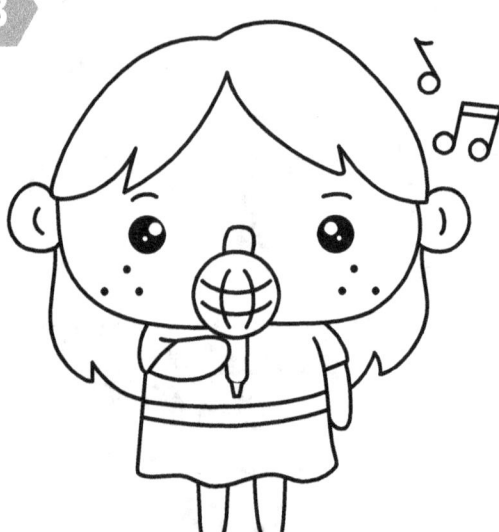

Faites-la chanter ! Comprend un microphone et des notes de musique

4

Quel genre de musique aimez-vous ?

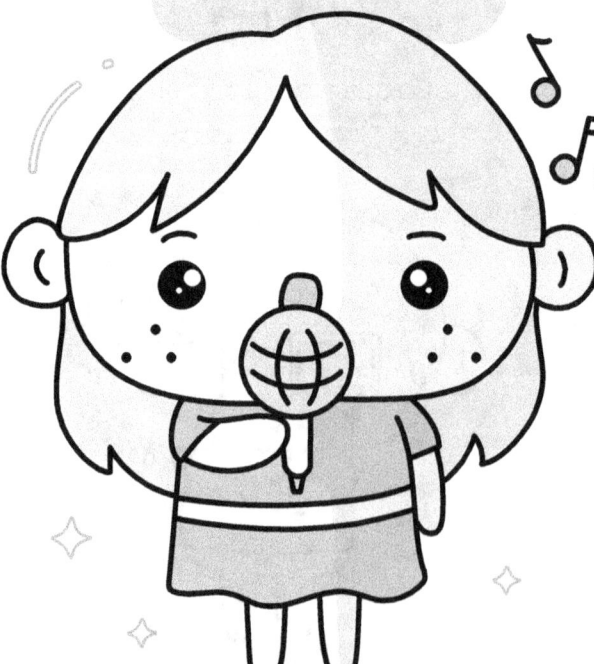

Peignez-le avec des couleurs vives !

DÉTECTIVE

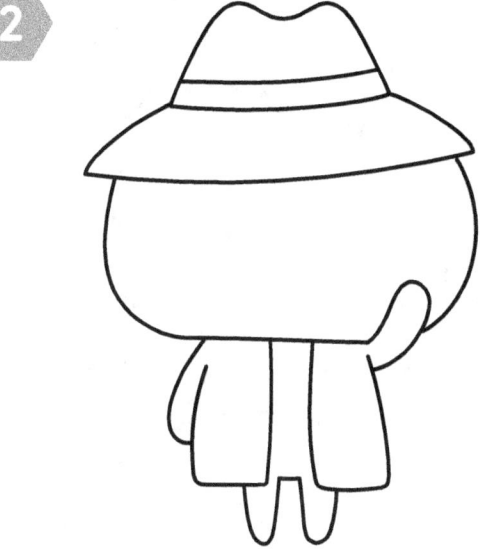

Dessinez la silhouette d'un chapeau
avec un ruban au milieu

Continue par le corps et le mackintosh

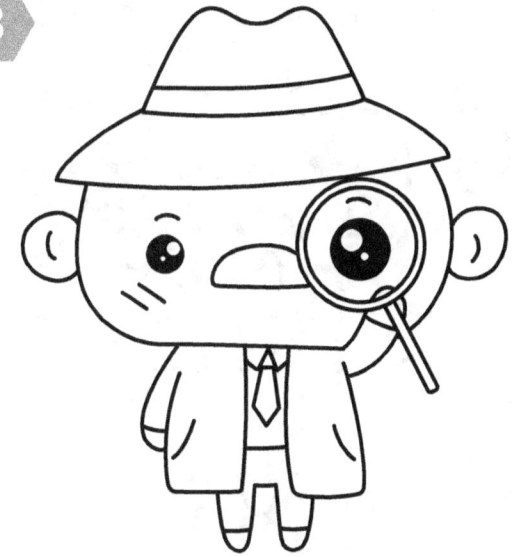

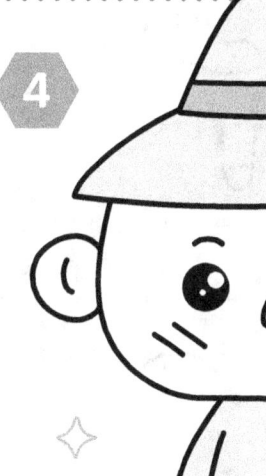

Faites en sorte que l'œil qui regarde à
travers la loupe soit plus grand que l'autre

Peignons! Le costume est généralement marron

Aidez-moi
à résoudre ce cas

CONFISEUSE

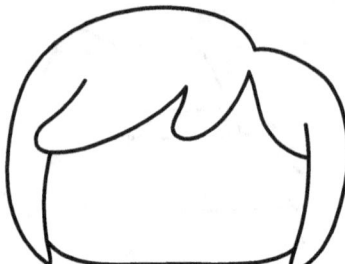

Style avec une frange sur le côté

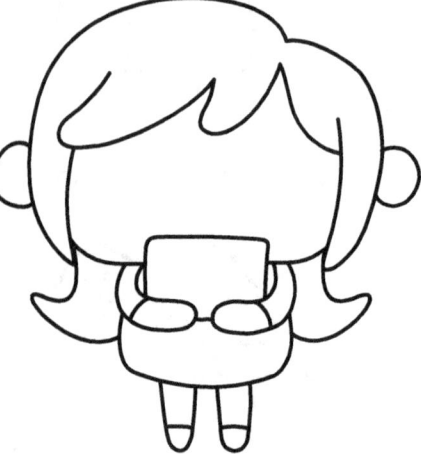

Dessinez-la en train d'embrasser un gâteau rectangulaire

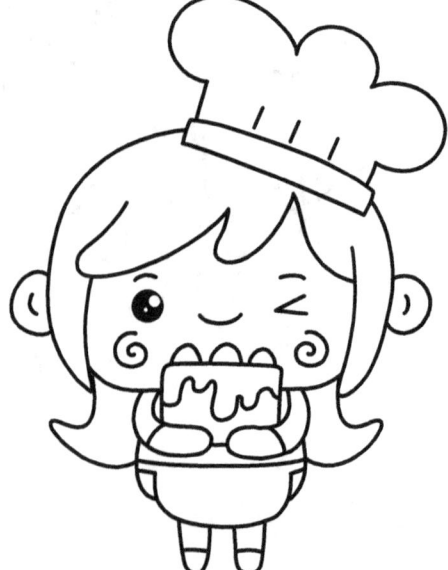

Le bonnet et les détails manquent !

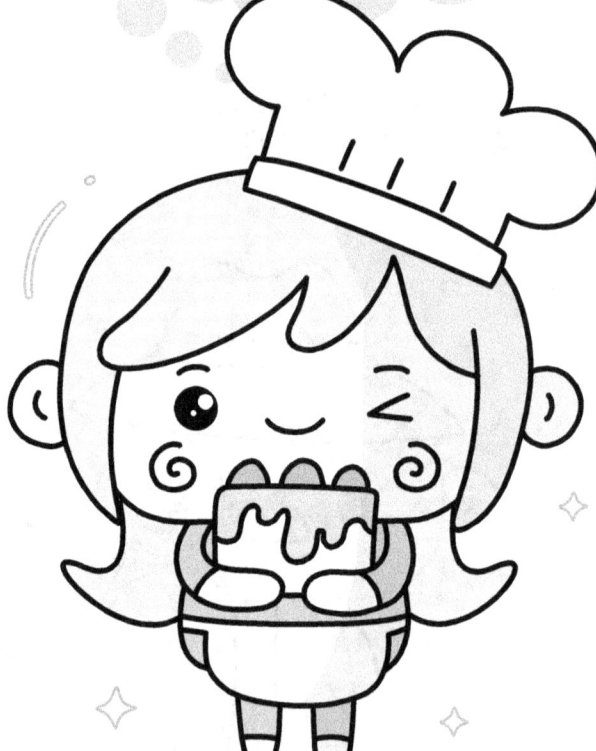

Je prépare de délicieux gâteaux

Peignez-le dans des couleurs amusantes

PÉDIATRE

1

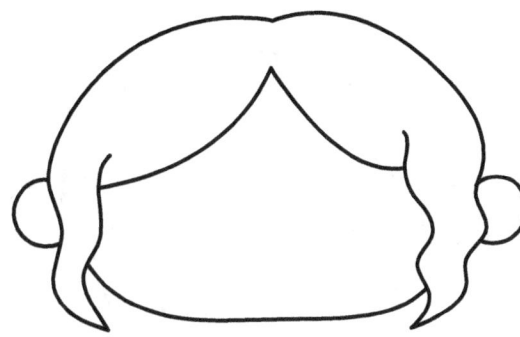

Dessinez les cheveux avec quelques mèches qui pendent

2

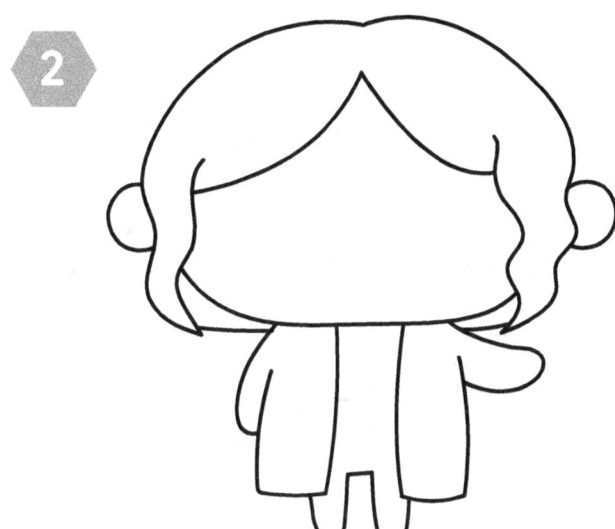

Ajouter la blouse de médecin et 2 "U" pour les jambes.

3

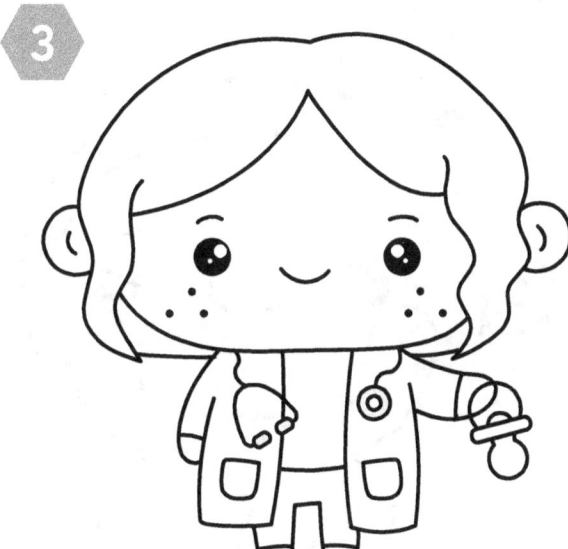

Certains détails tels que le stéthoscope et le sucette sont manquants

4

Je m'occupe de bébés et d'enfants

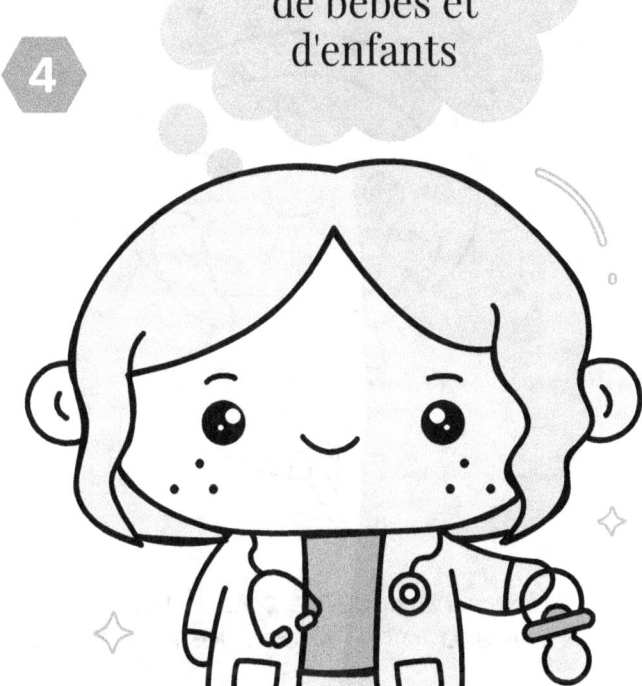

Rappelons que la robe est en blanc

DANSEUSE

1

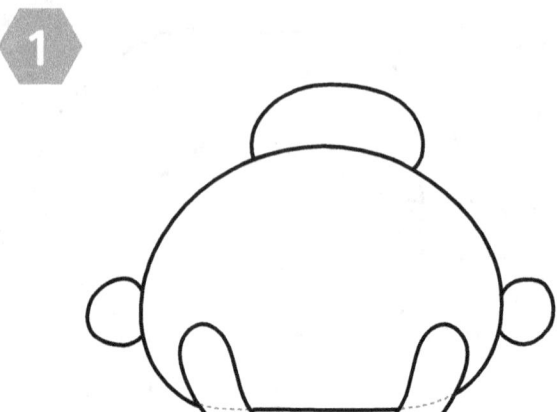

Beaucoup de cercles! pour la tête, les oreilles et le chignon

2

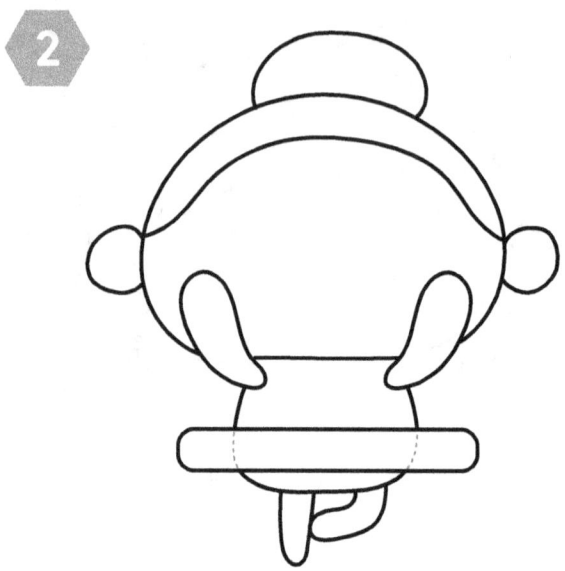

Ajouter un justaucorps et le tutu allongé

3

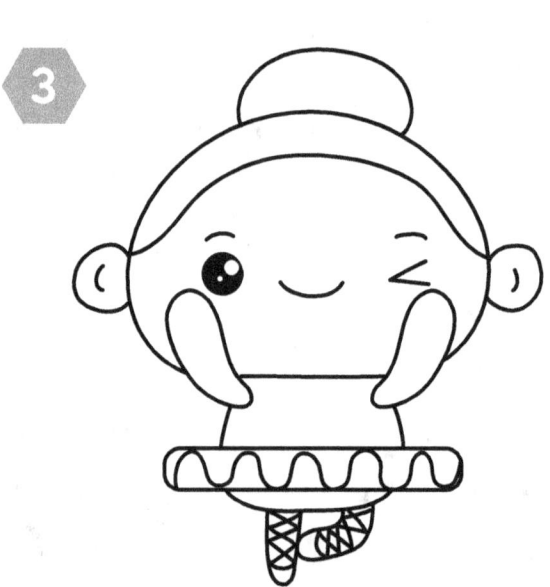

Une ligne sinueuse pour le tutu et beaucoup de "X" pour les jambes

4

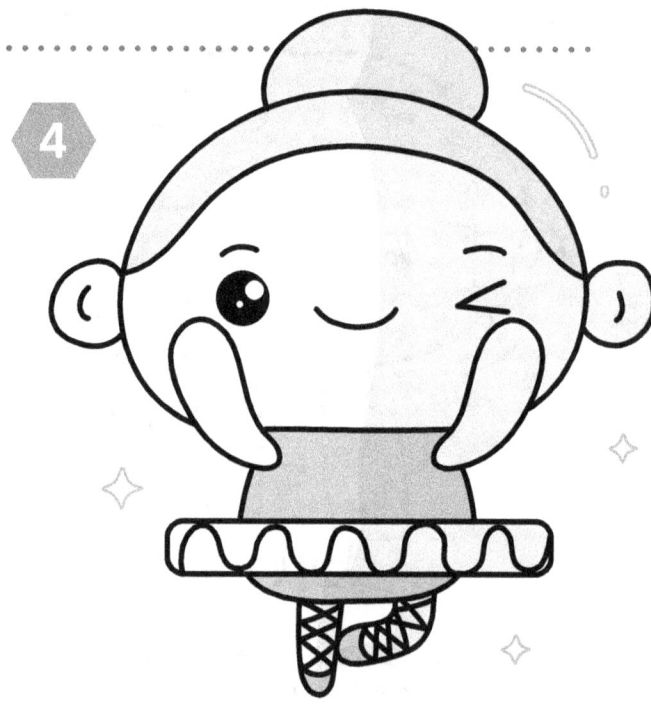

Que diriez-vous d'un costume rose?

J'exprime
ce que je ressens
en dansant

RÉDACTEUR

1

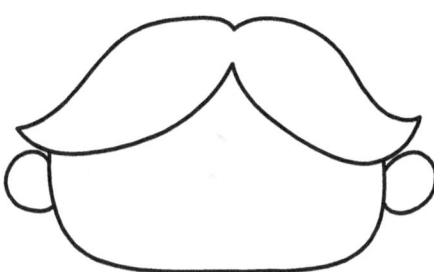

Dessinez une "moustache" sur une base circulaire.

2

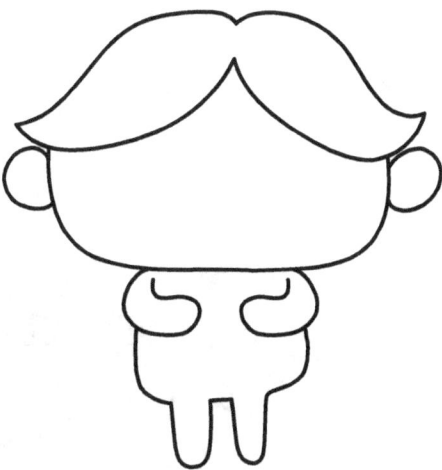

Dessine la silhouette du corps

3

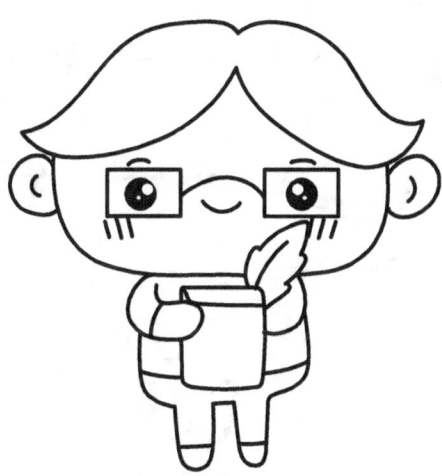

C'est un écrivain! Ajouter un livre et un stylo

4

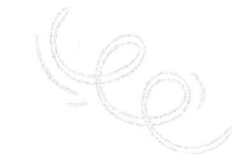

Quel genre de livres aimez-vous lire?

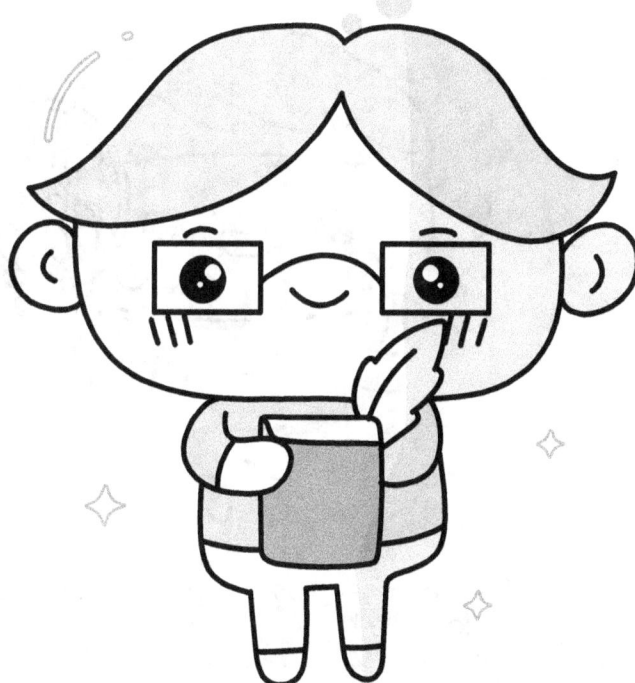

Prenez vos peintures et devenez créatifs !

JOUEUR
DE TENNIS

1

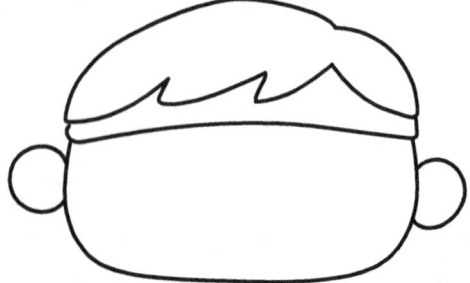

Dessinez un cercle irrégulier comme base et deux petits cercles aux extrémités.

2

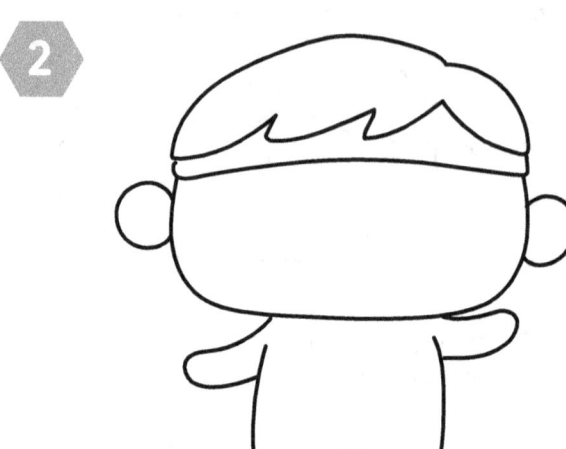

Maintenant le corps avec les deux bras ouverts

3

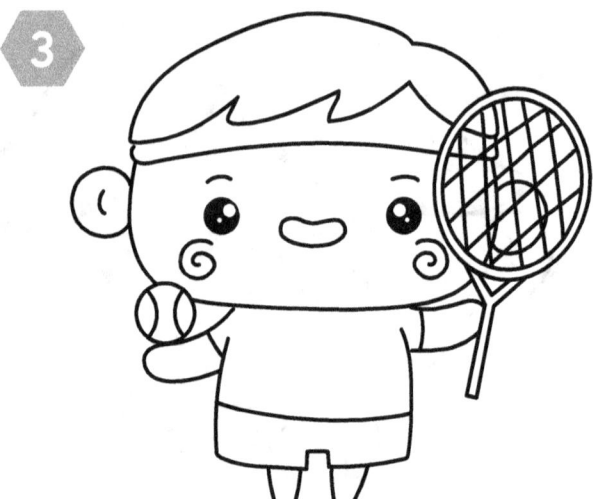

Dessine une grosse raquette cordée. ET la balle !

4

Mon hobby est ma profession

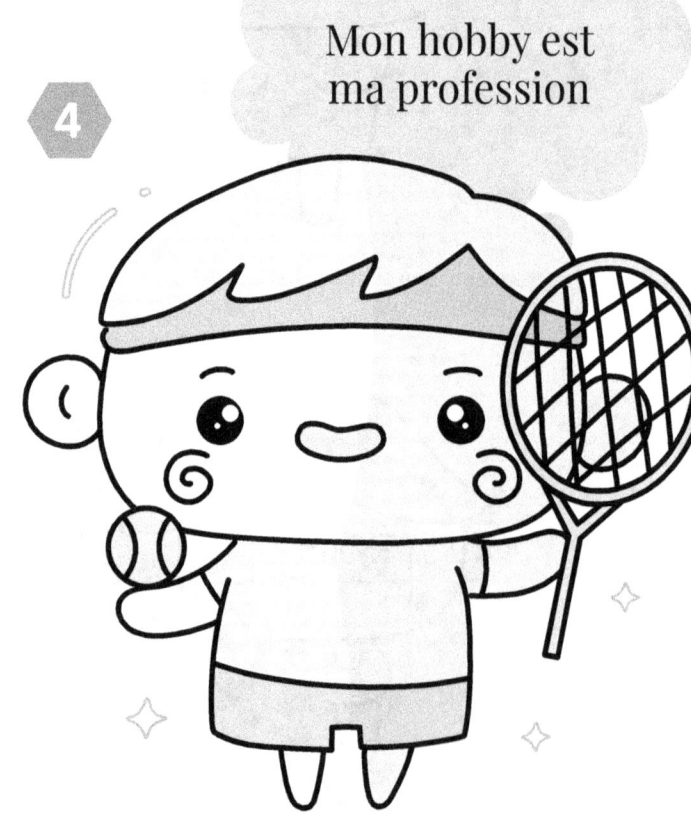

Les joueurs portent souvent du blanc

RESPONSABLE
DE LA CIRCULATION

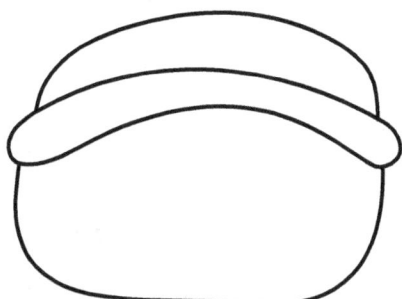

Créer une tête avec un chapeau

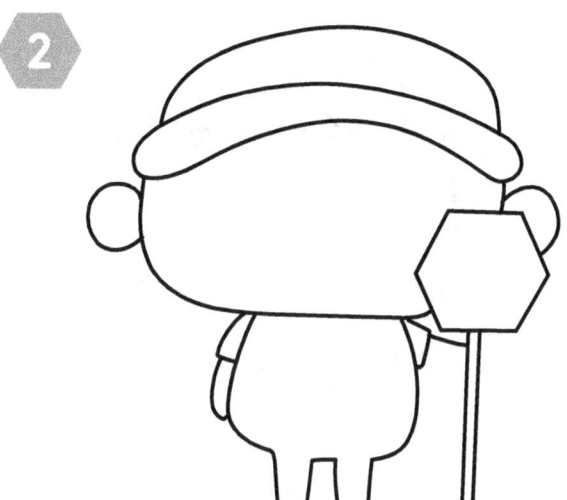

Dessinez le signe à partir d'un hexagone et d'un rectangle

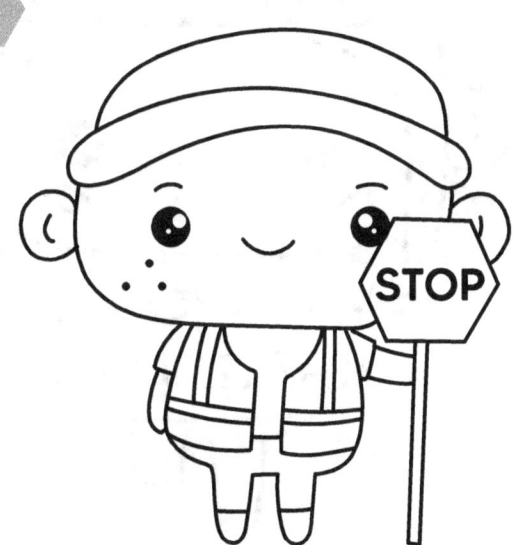

Important! Le gilet réfléchissant

Le panneau est rouge et le gilet est jaune

Je régule
le trafic

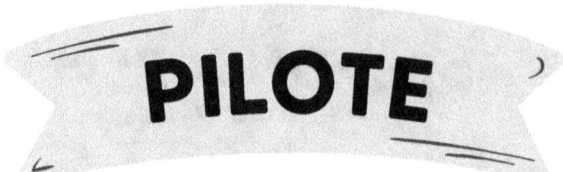

PILOTE

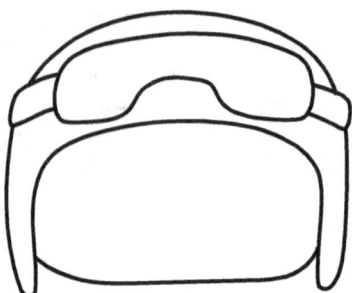

Dessine une casquette d'aviateur avec des lunettes

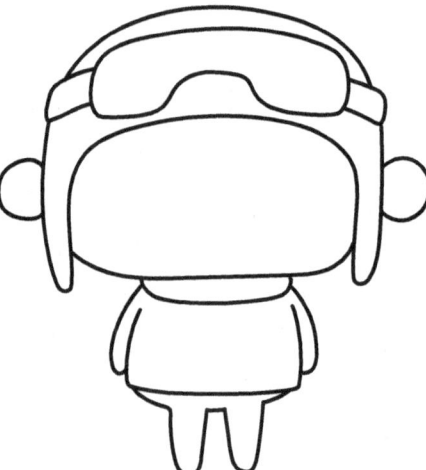

Suivez ci-dessous: le corps

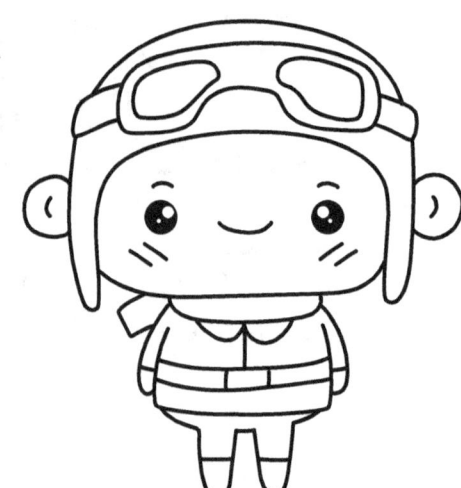

Personnalisez les détails! Ceinture, écharpe ...

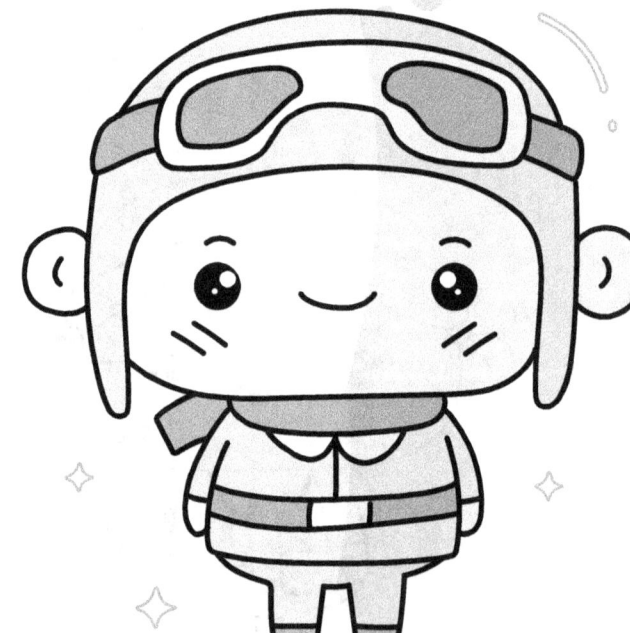

Je vois des paysages incroyables depuis le ciel

Utiliserez-vous des tons bruns?

PLOMBIER

1

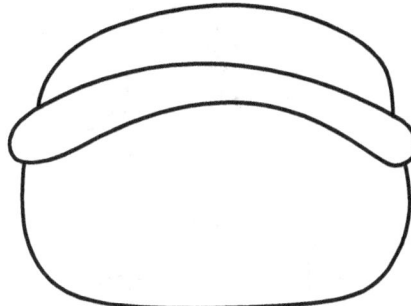

Crée 3 formes rondes et aplaties pour la tête

2

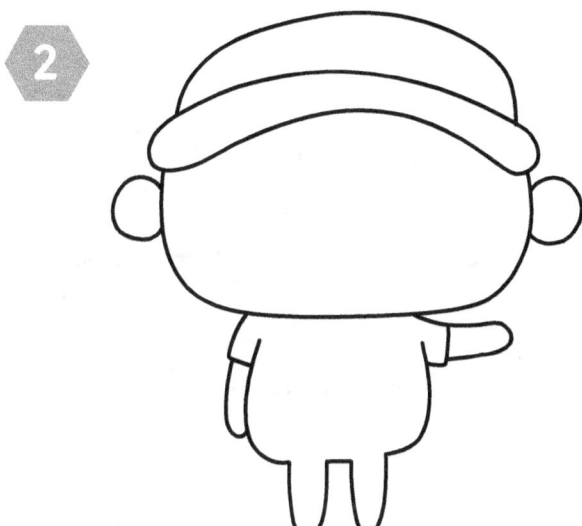

Passons au corps

3

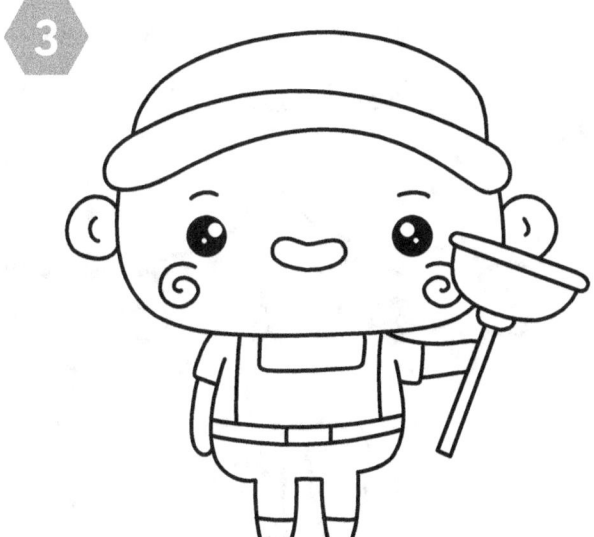

N'oubliez pas la ventouse

4

J'installe et je répare des tuyaux

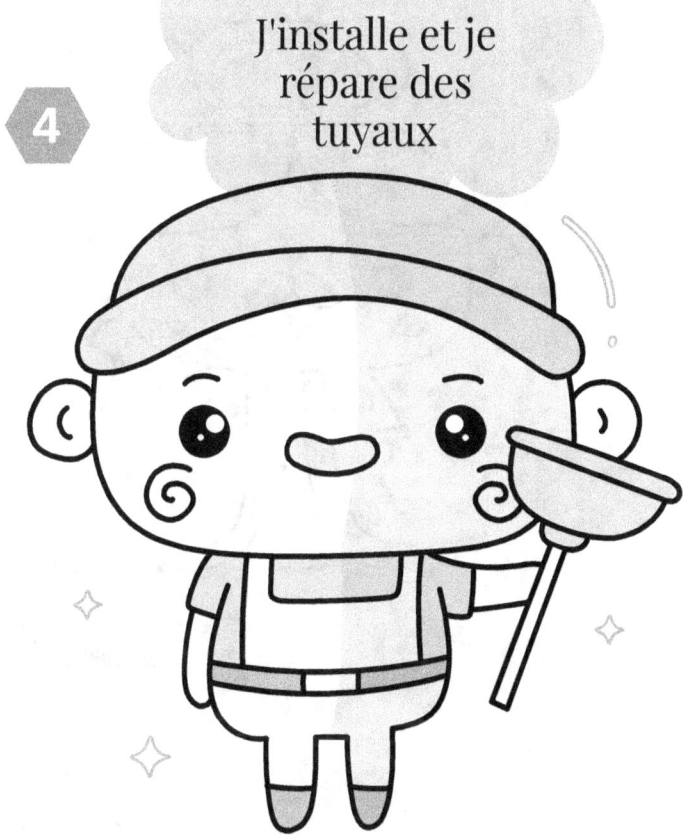

La ventouse est généralement rouge

ROI

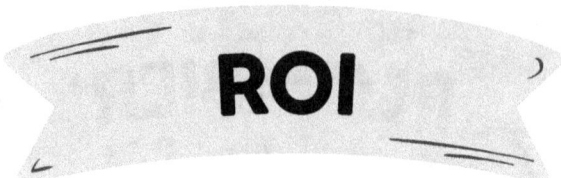

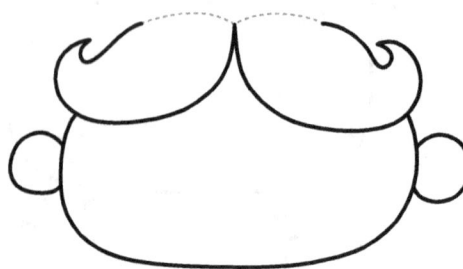

Faire la tête et les cheveux en forme de moustache

Dessinez la couronne entière avec une croix au sommet

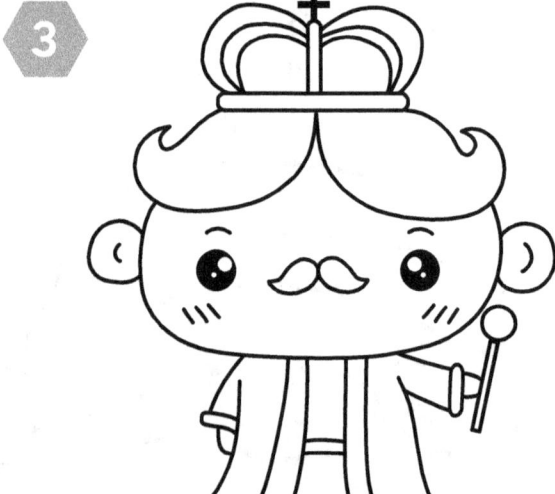

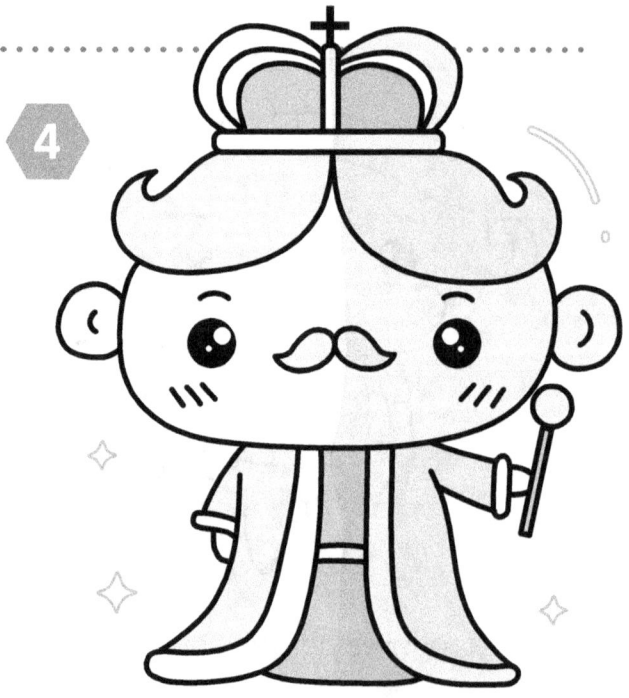

Que ce soit un visage majestueux!

Pourquoi pas un jaune pour la couronne?

Un bon roi
protège son peuple

REINE

1

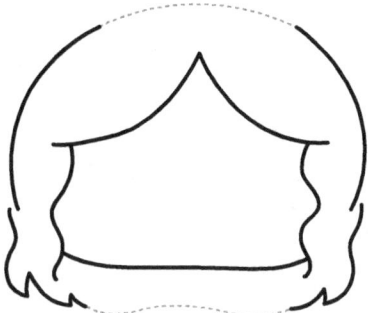

Dessiner la silhouette de la tête

2

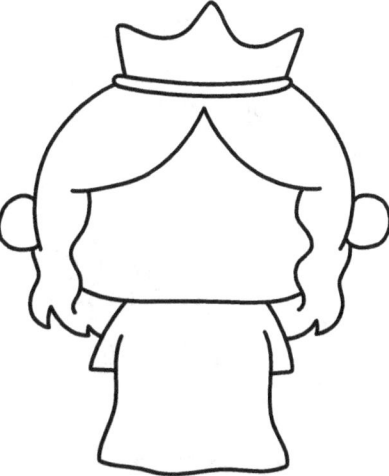

Ajouter la robe et la couronne

3

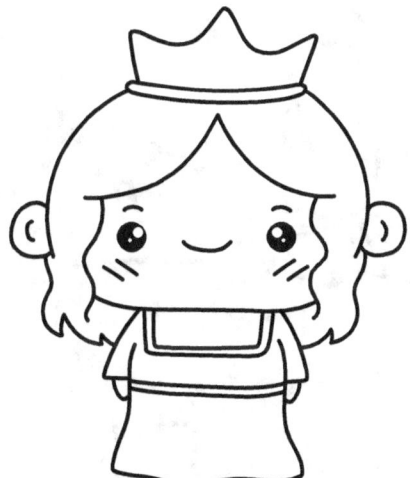

Il ne manque plus qu'un petite sourire
et des vêtements!

4

Je représente
l'unité et
la tradition

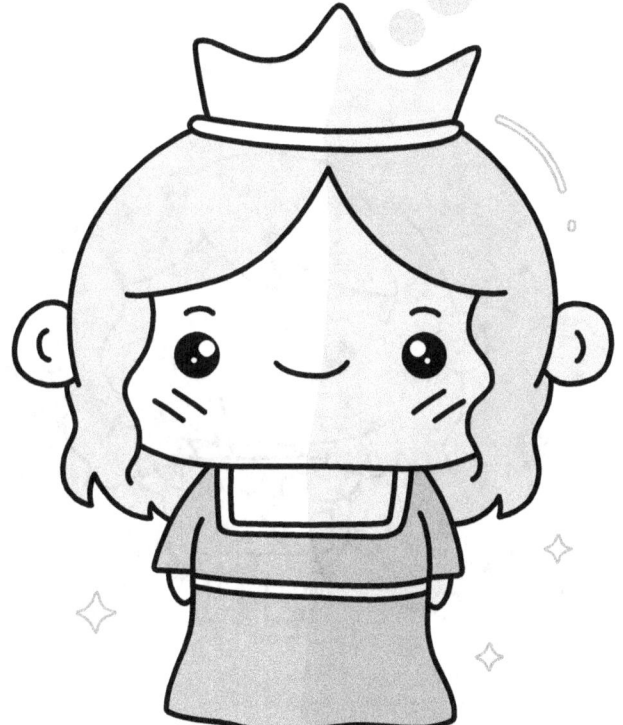

Peignons ! Soyez créatifs

CONCEPTRICE GRAPHIQUE

1

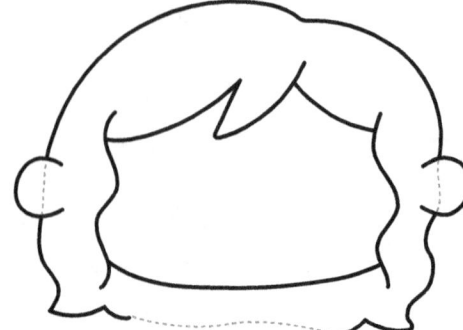

Dessinez-la avec les cheveux sur le sol et deux oreilles qui dépassent.

2

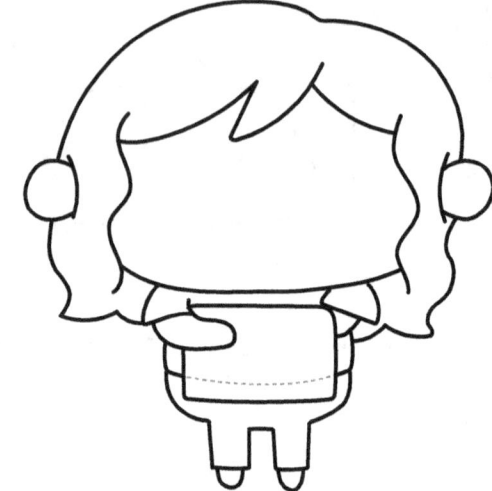

Un grand rectangle au milieu qui sera la tablette graphique.

3

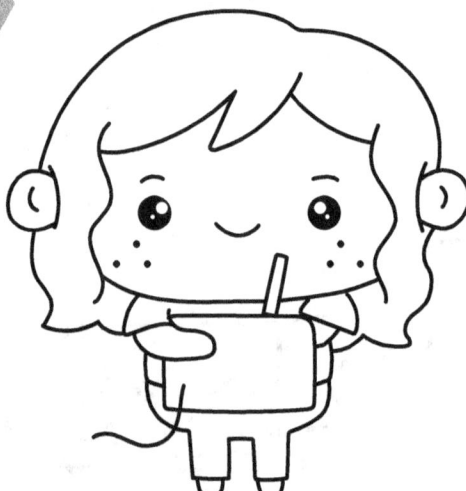

Se termine avec le stylet et de jolies taches de rousseur

4

Je transforme vos idées en designs

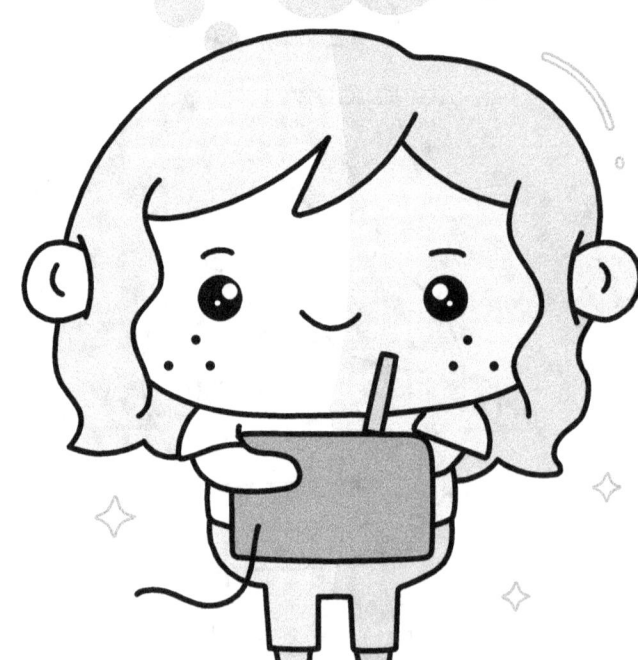

Il est temps de peindre - amusez-vous !

CONDUCTEUR

1

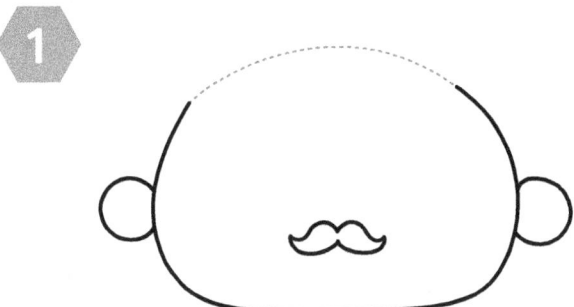

Cela commence par une tête avec une moustache

2

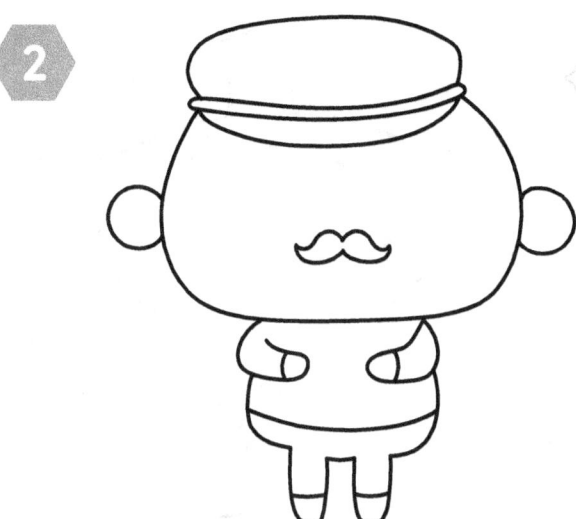

Ajoute une casquette avec visière et le corps

3

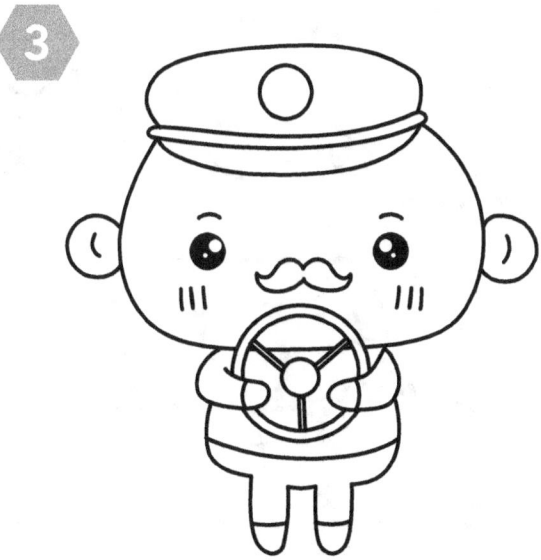

Il manque le volant circulaire et quelques yeux étincelants.

4

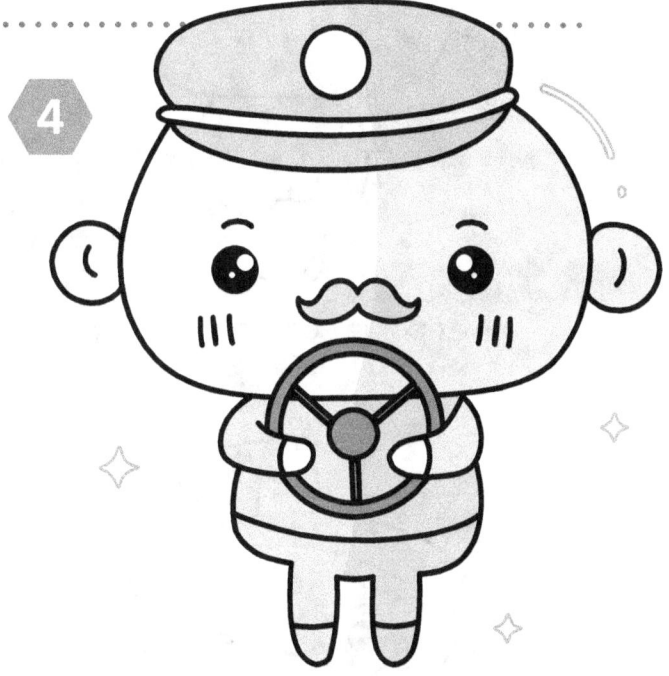

Peignez le costume en bleu marine ou en noir !

Je peux t'emmener où tu veux

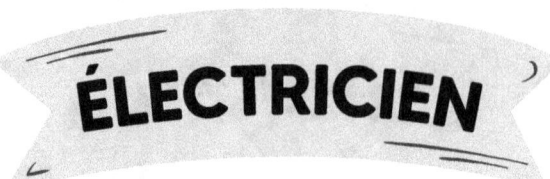

ÉLECTRICIEN

1

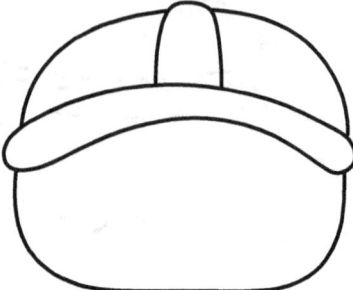

Dessine toutes les formes arrondies

2

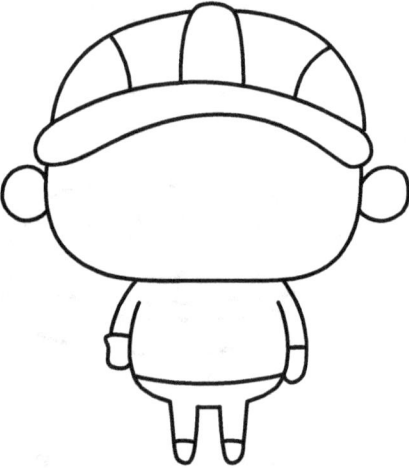

Suivez par le corps avec des gants

3

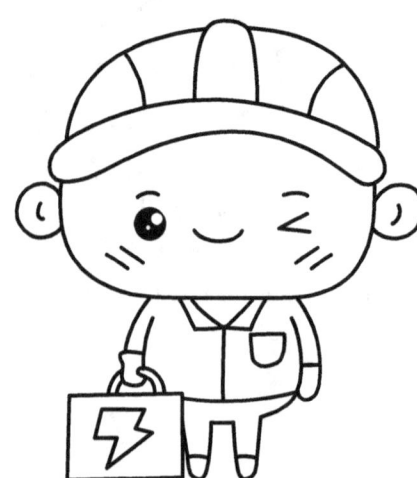

Maintenant la boîte à outils avec un éclair

4

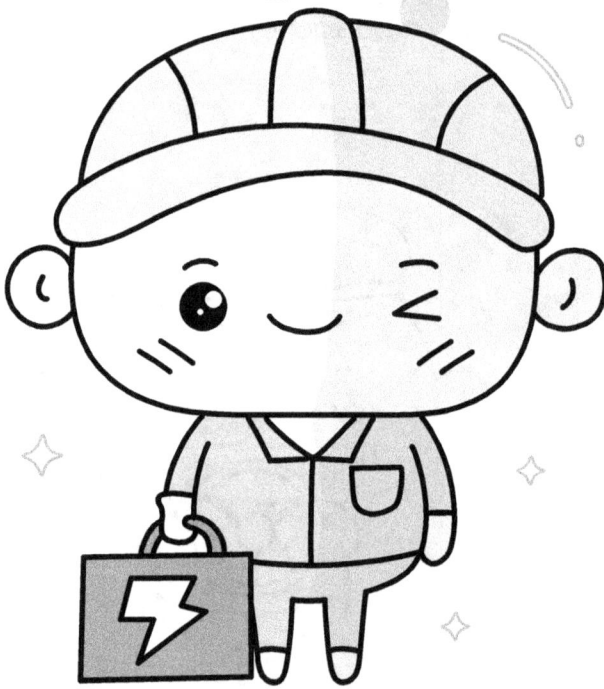

J'illumine et mets sous tension votre maison

Le casque est généralement jaune et la combinaison bleue

CORDONNIER

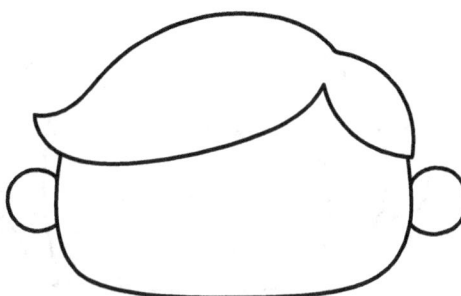

Lorsque vous dessinez la frange, faites en sorte qu'elle soit classique et ramenée vers l'arrière

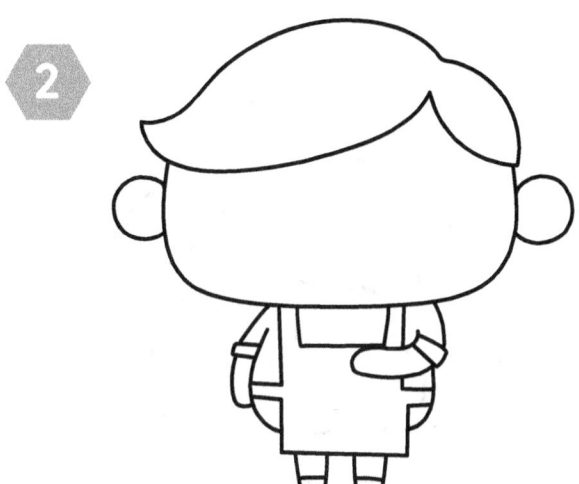

Maintenant le corps avec le tablier et un bras vers l'intérieur

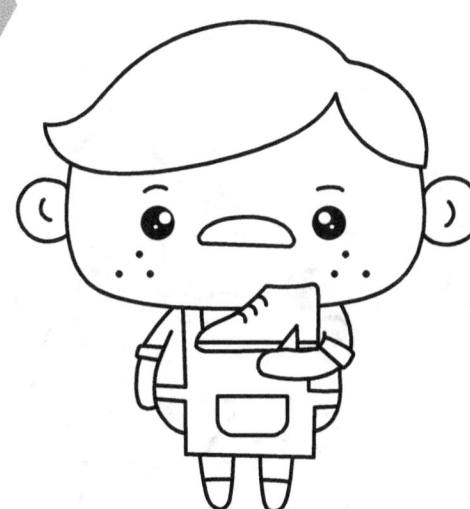

Le plus important : la chaussure et une simple moustache !

Je donne une seconde vie à vos chaussures

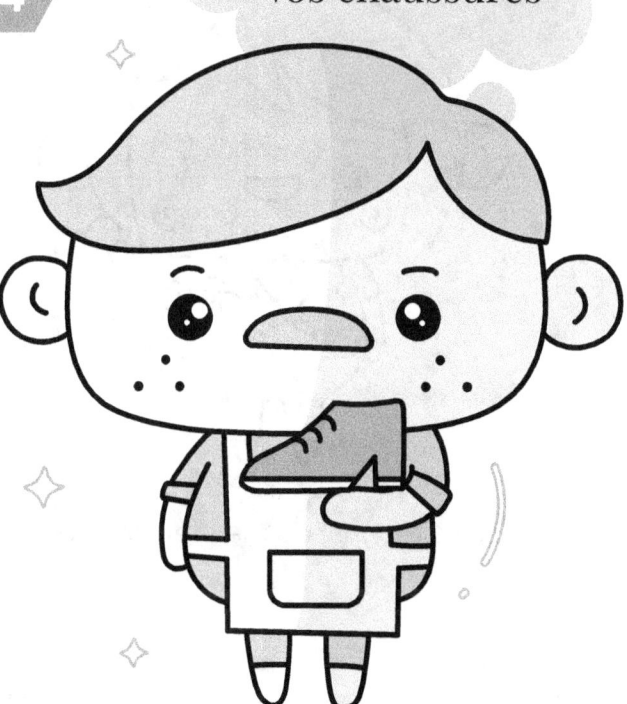

Peignez comme vous le souhaitez !

VÉTÉRINAIRE

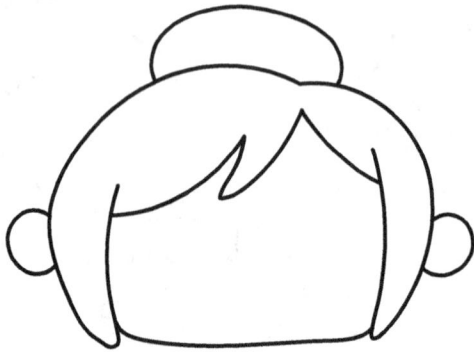

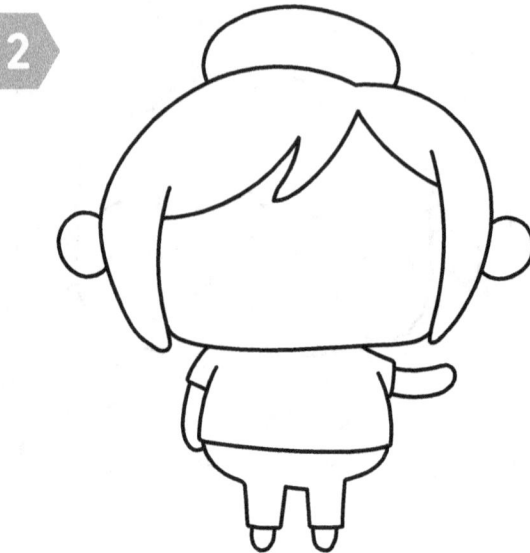

Dessiner une tête avec un chignon et une frange

Commencer par le corps

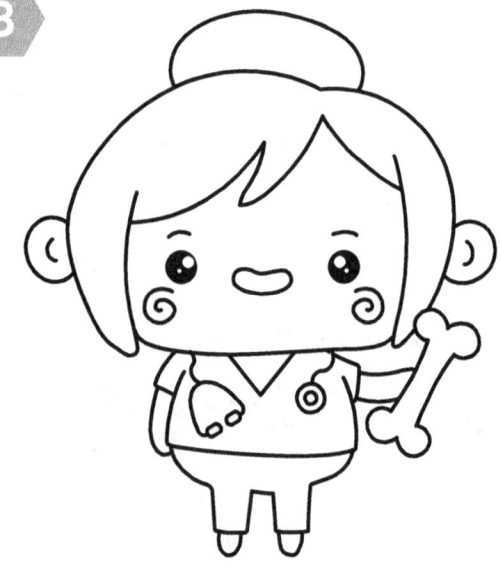

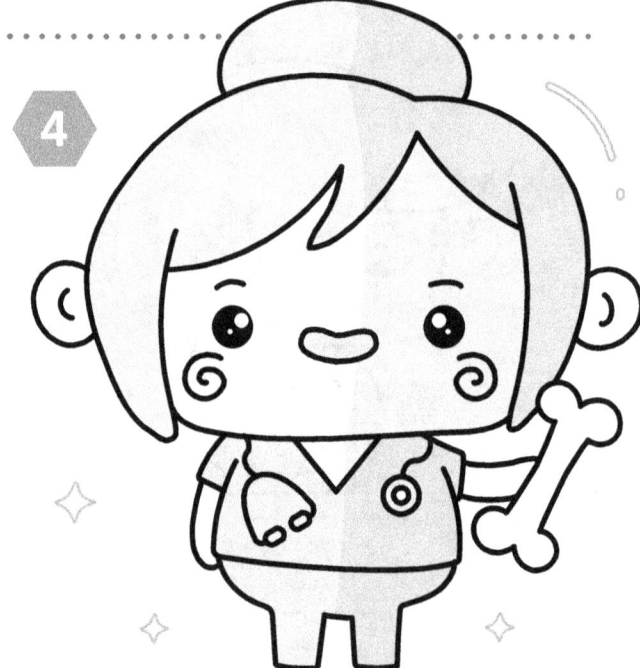

Et les détails! L'os, le stéthoscope ...

Que diriez-vous d'un bleu émeraude ?

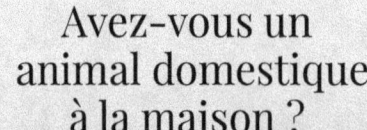

Avez-vous un animal domestique à la maison ?

PROFESSEURE
DE YOGA

1

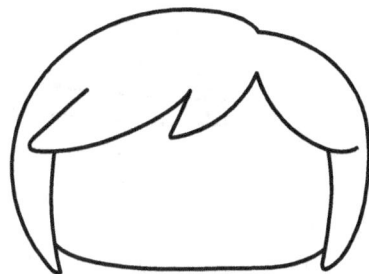

Dessiner la base de la tête avec les cheveux

2

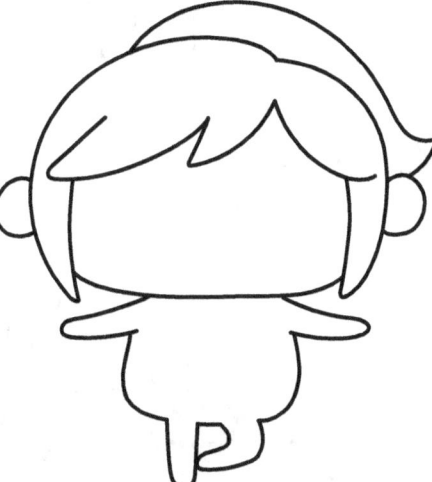

Un corps en mouvement

3

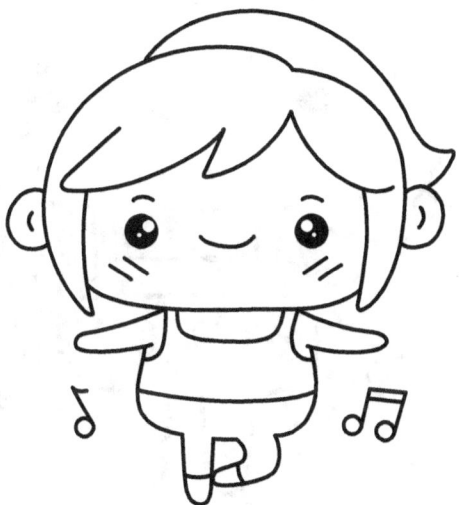

Et un visage heureux !

4

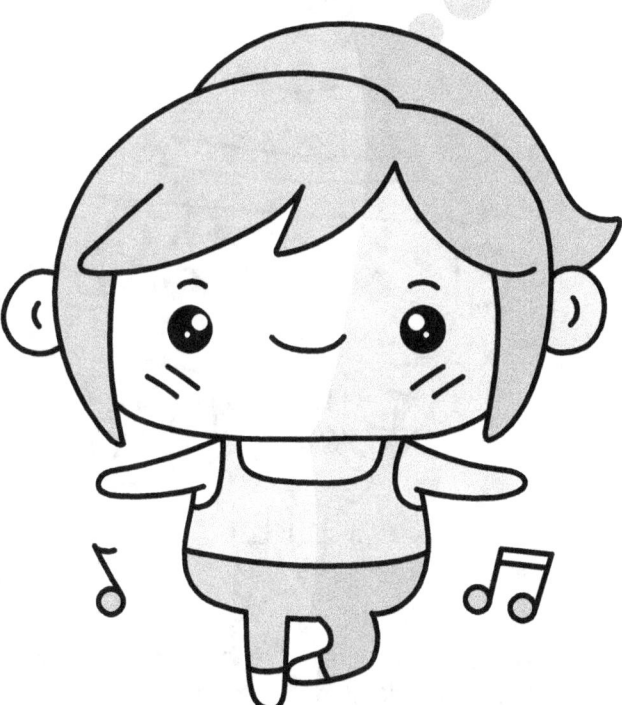

Le yoga est très bénéfique, êtes-vous prêt à le pratiquer ?

Peignons ! Choisissez des couleurs pastel

JARDINIER

1

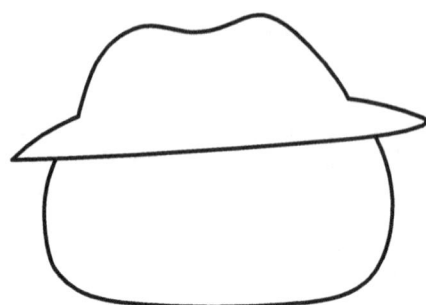

Crée la silhouette d'un chapeau avec une courbe en dessous.

2

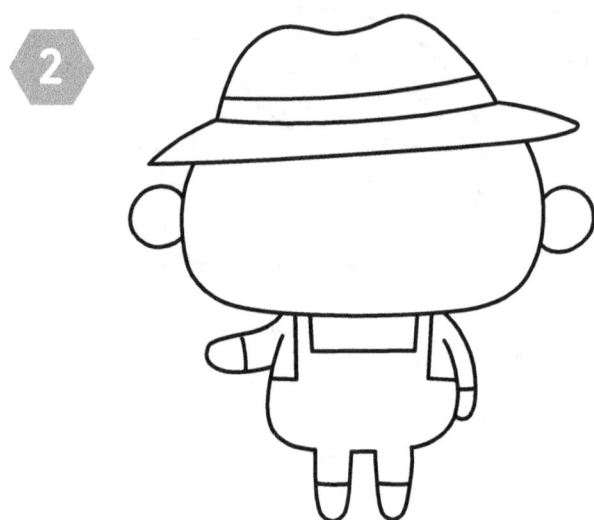

Lorsque vous dessinez le corps, habillez-le d'une salopette.

3

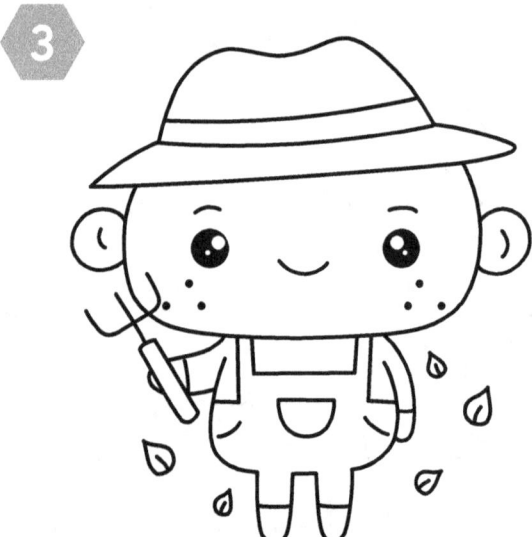

Ajoutez un râteau et beaucoup de feuilles volantes.

4

Soyons heureux tant que nous le pouvons

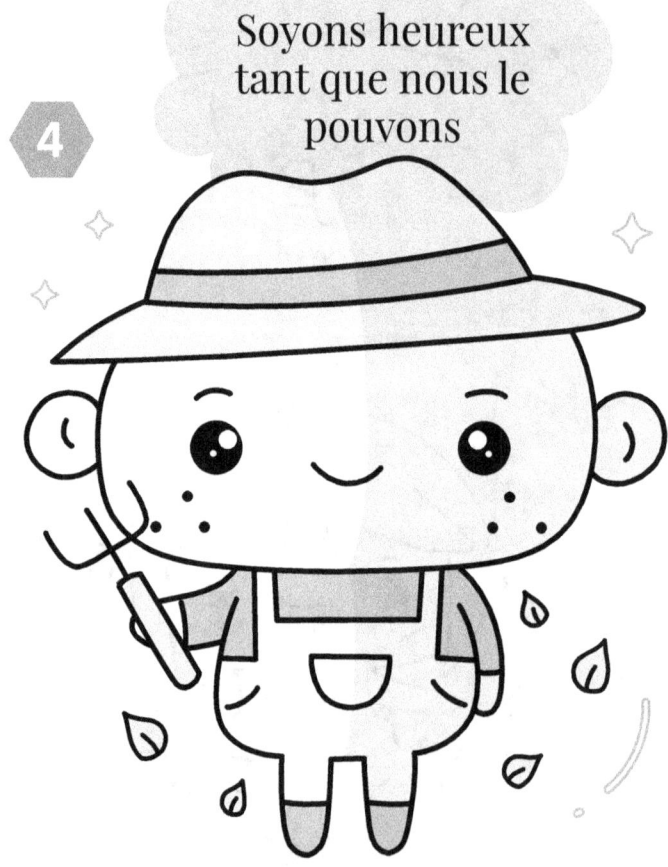

Choisis un bleu pour la combinaison

ARCHITECTE

1

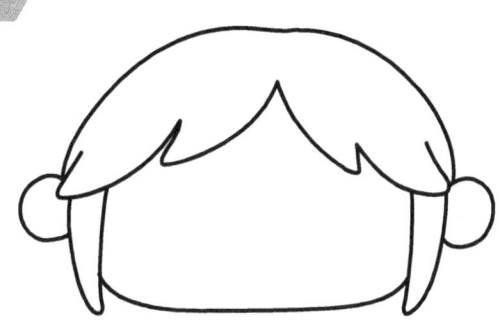

Commencer comme d'habitude :
tête et cheveux

2

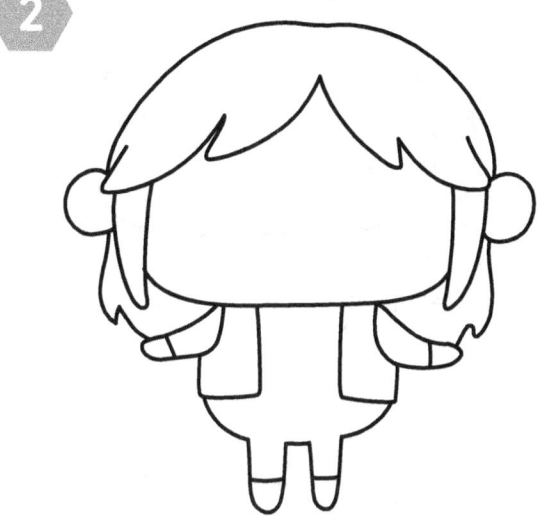

Maintenant la silhouette du corps
avec le gilet

3

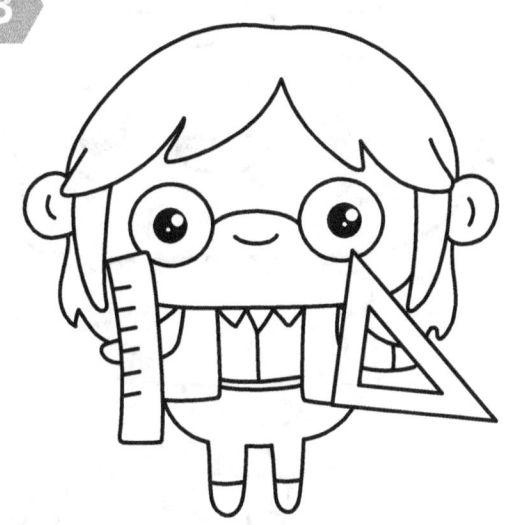

N'oubliez pas la règle et l'équerre
Exagérez les tailles !

4

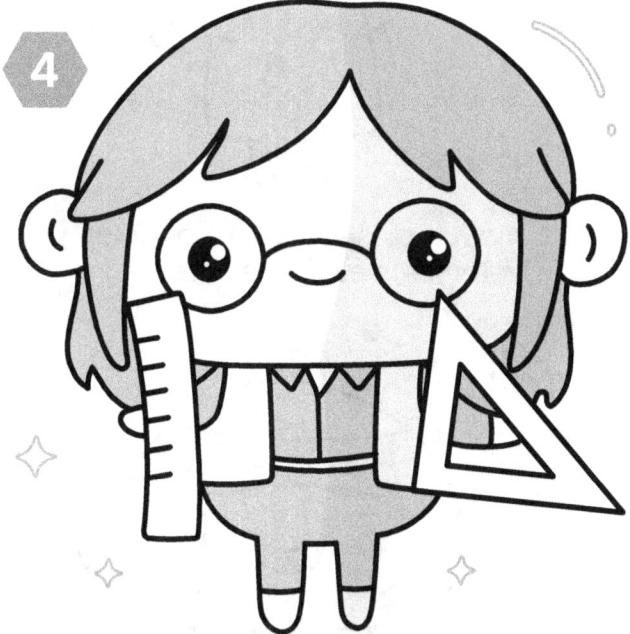

Je recommande une variété de couleurs

Conception
de bâtiments
sans erreur

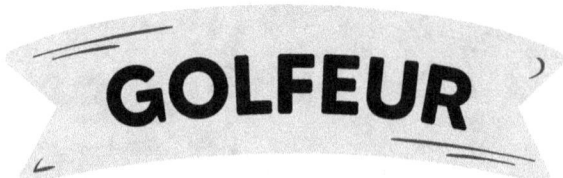

1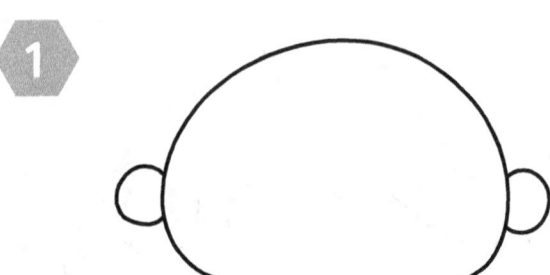

Rendez-le chauve ! et ajoutez deux oreilles

2

Ajouter plusieurs lignes pour les vêtements et les membres.

3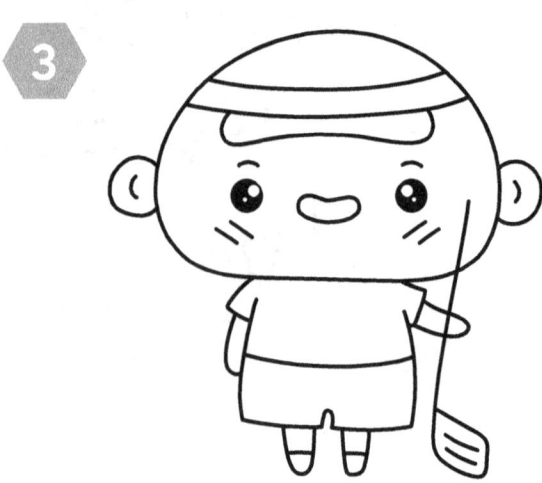

Très important! Club de golf et visière

4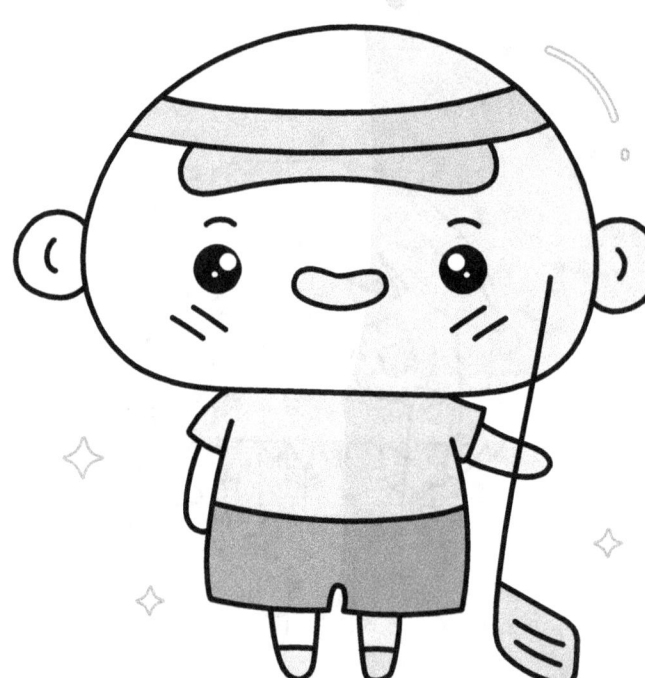

Sur le terrain, chaque coup compte

Peignons! Utiliser les couleurs de l'été

BIJOUTIER

1

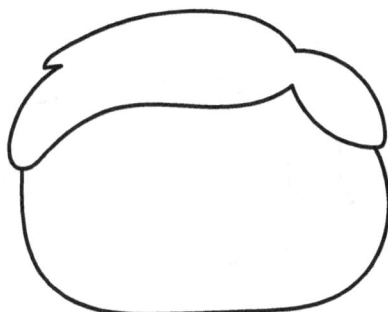

Crée une tête dont les cheveux sont peignés soigneusement sur le côté

2

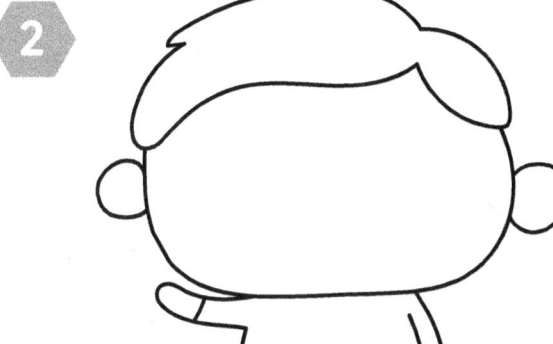

Dessinez des vêtements normaux, puis nous passerons aux détails

3

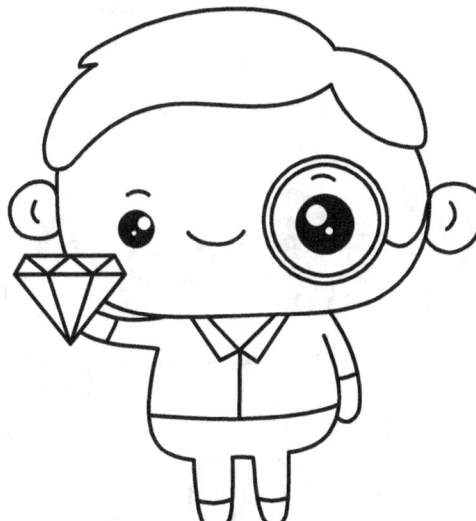

Ajoutez un diamant, un monocle et un œil plus grand que l'autre

4

Chaque bijou raconte une histoire

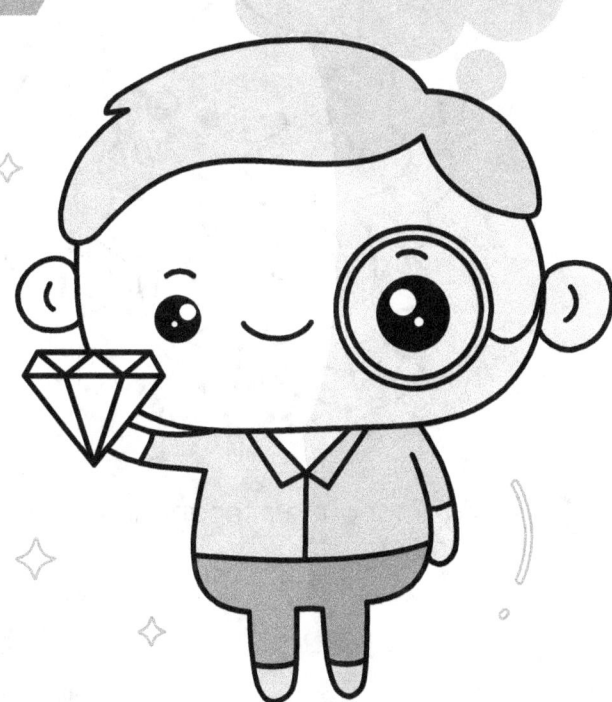

Peignons! Utiliser des couleurs élégantes

SAUVETEUSE

1

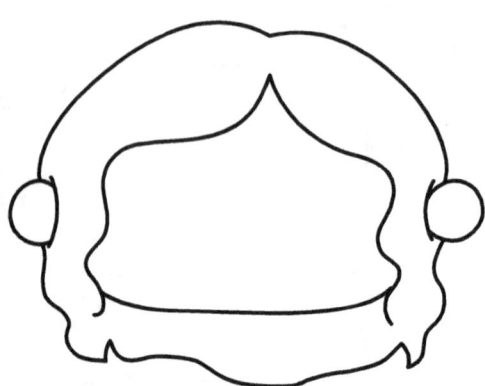

Faire une crinière lâche avec des franges ouvertes

2

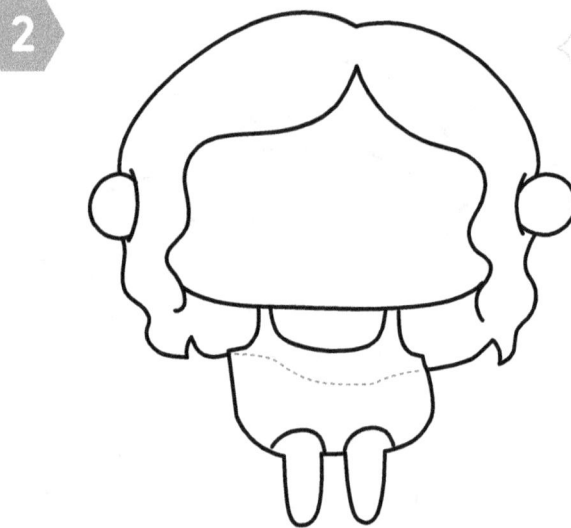

Dessinez le maillot de bain et les 2 jambes

3

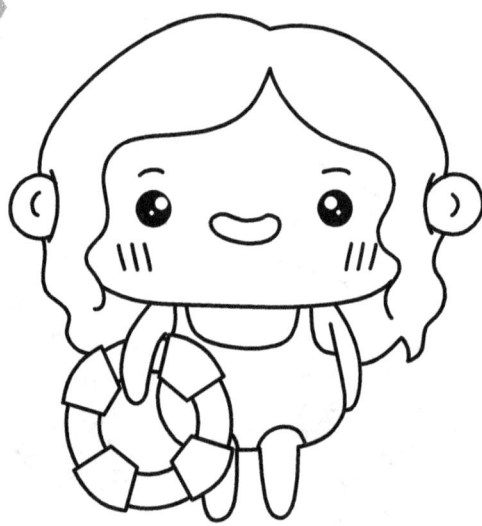

Bras manquants tenant une bouée de sauvetage

4

De quelle couleur vas-tu peindre son maillot de bain?

Je suis
sur les plages et
dans les piscines

PIRATE

1

Dessinez deux petits vers avec un chapeau sur le dessus

2

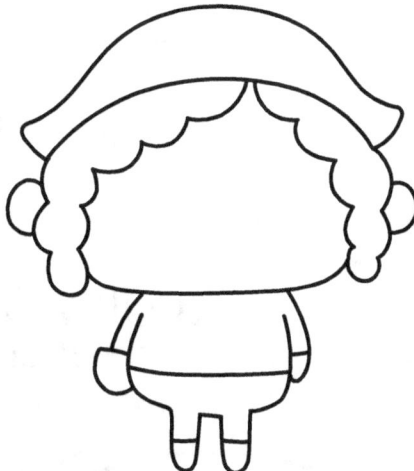

Maintenant, la silhouette du corps et le début du crochet

3

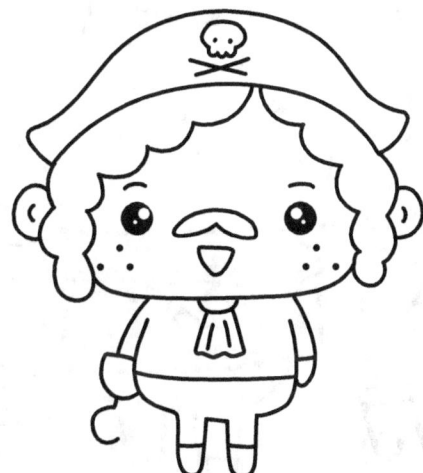

Ajoutez une moustache, une barbiche et un crâne de pirate

4

Je navigue à la recherche de trésors

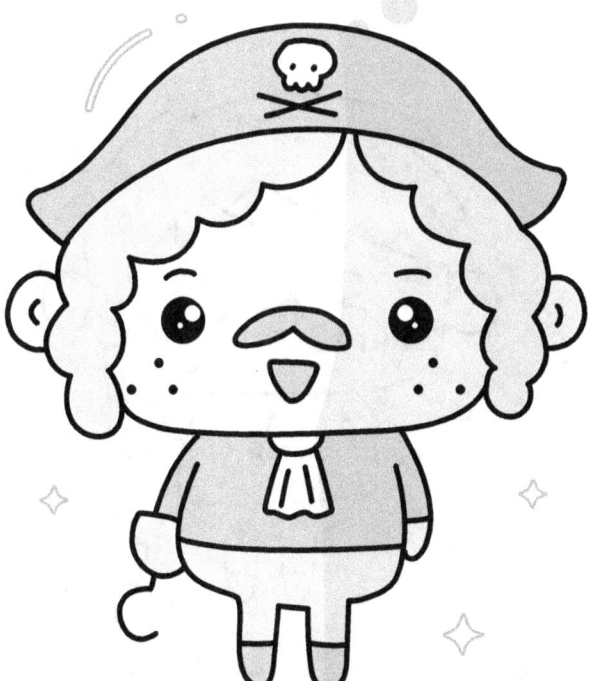

Peignons! Utilisez des couleurs amusantes

ROCKER

1

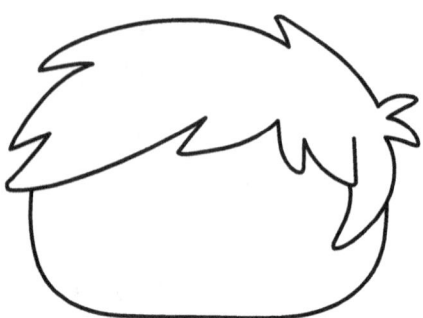

Dessine une tête avec des cheveux fous

2

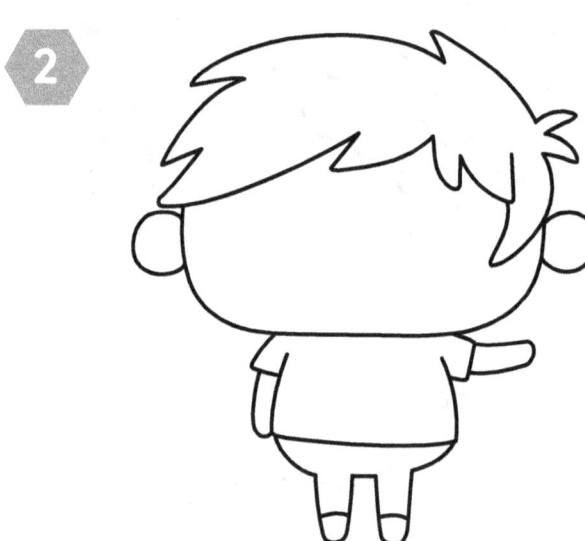

Ajouter un T-shirt et un pantalon

3

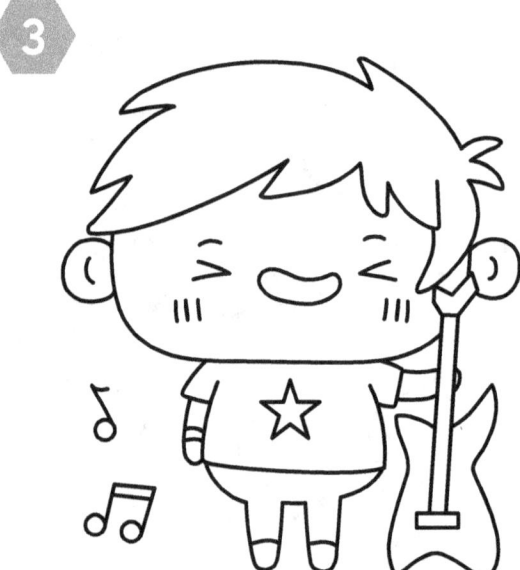

Maintenant, la guitare, un dessin sympa sur le T-shirt et les notes de musique

4

Guitare, basse ou batterie ?

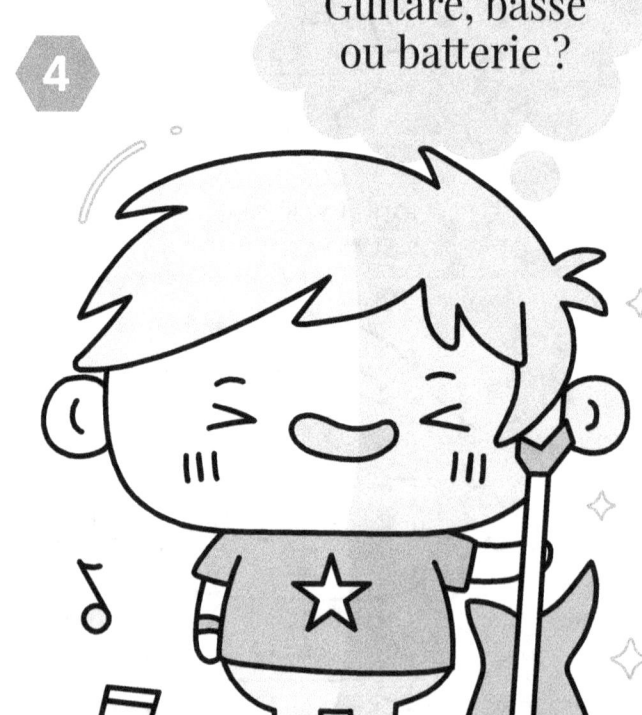

Peignons! Le noir domine chez les rockers

CINÉASTE

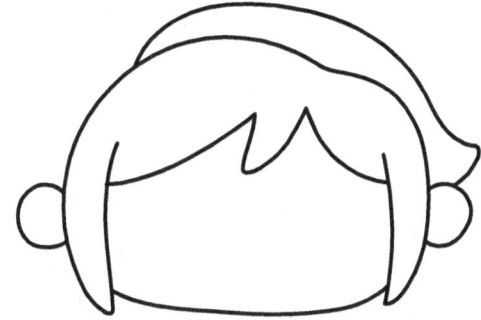

Dessiner la tête avec une frange et une queue de cheval

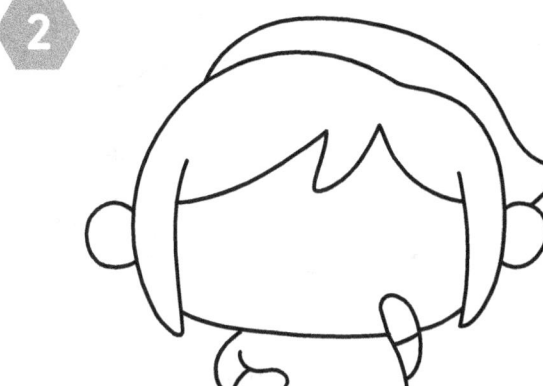

Poursuit avec le corps avec une chemise à bas en pointe

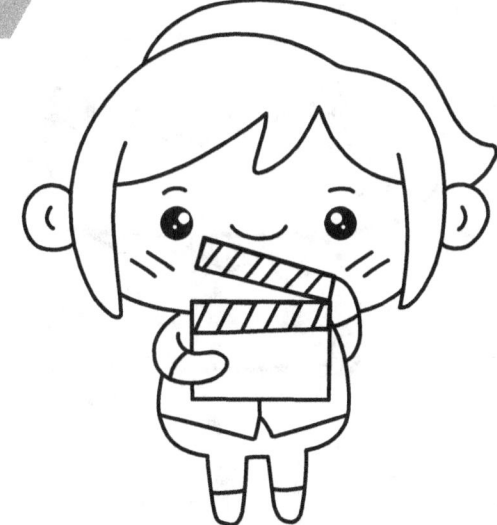

Action! Le clap et les détails manquent

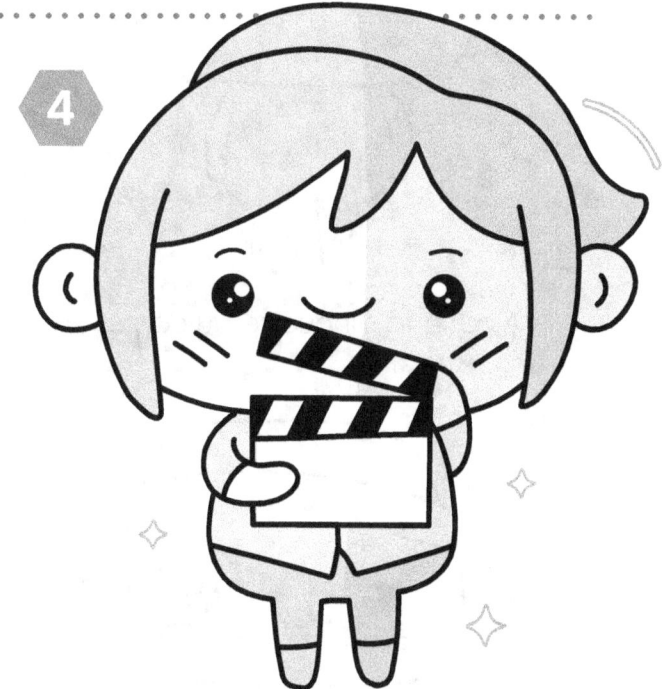

Le clap de tournage est noir et blanc

Quel est votre film préféré ?

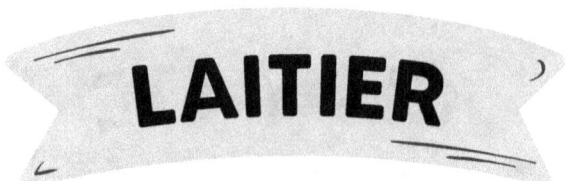

LAITIER

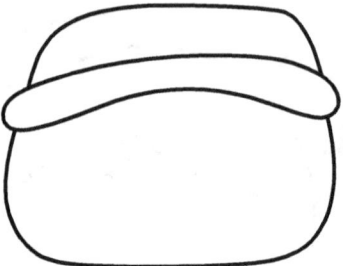

Dessiner 3 formes arrondies

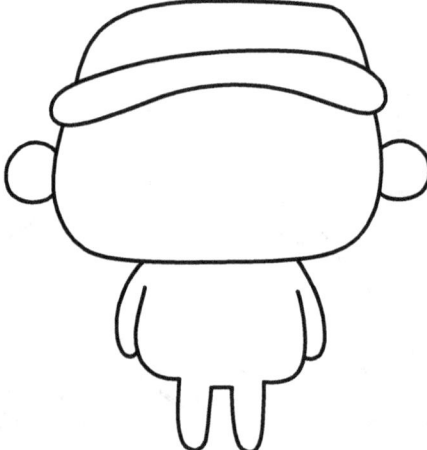

Ajouter la silhouette du corps

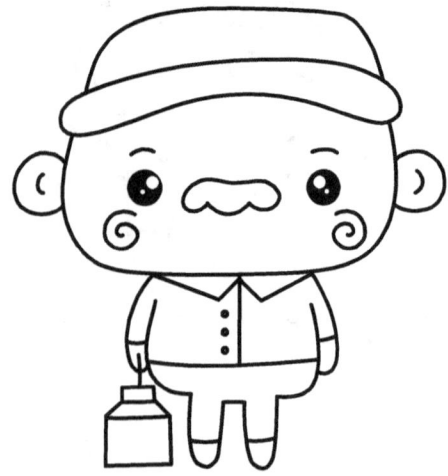

Moustache en forme de ver

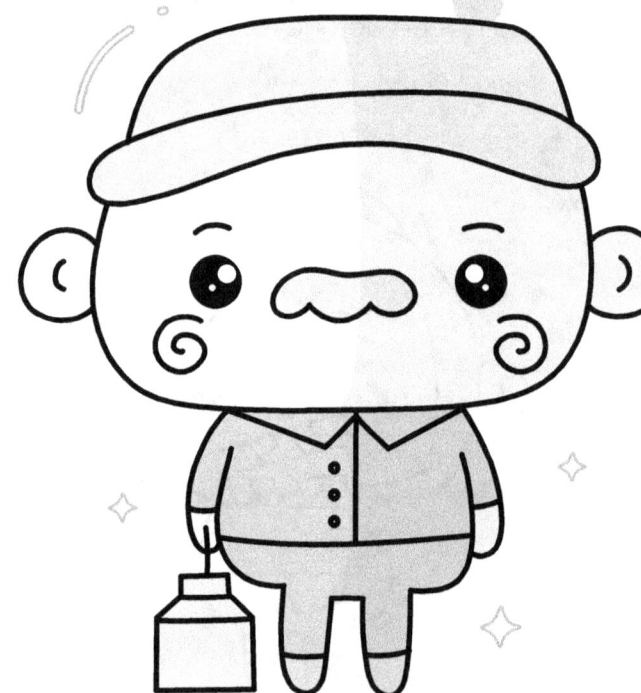

Je livre du lait frais tous les matins

Quelle couleur préférez-vous ?

VEILLEUR

1

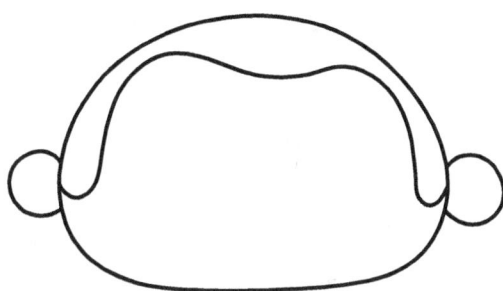

Dessinez 3 cercles aplatis et un cheveu rasé avec une courbe irrégulière.

2

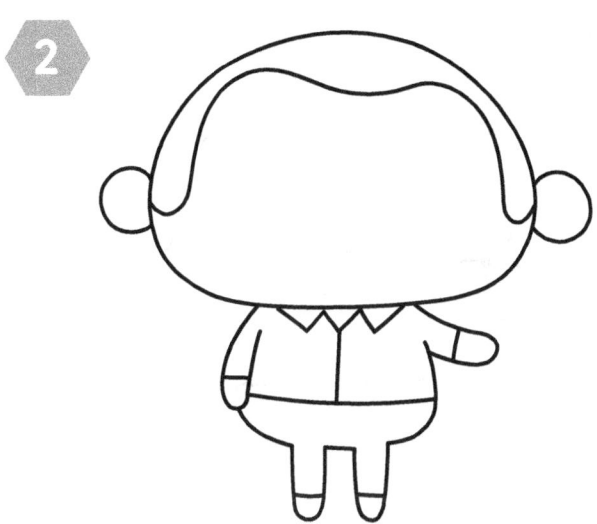

Lors de la confection des vêtements, dessinez 3 triangles pour simuler la chemise

3

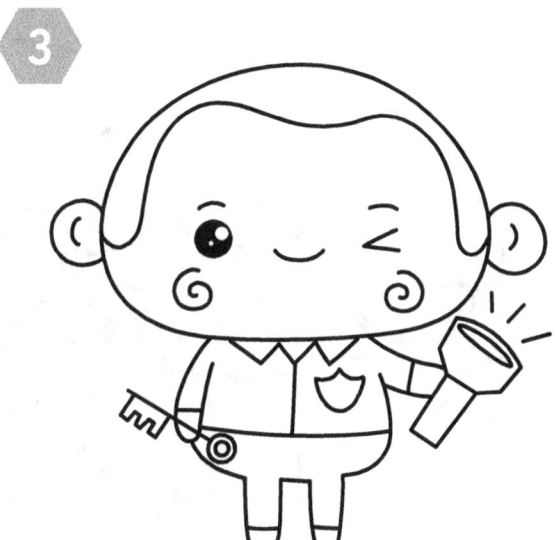

Comprend une grande clé et une torche allumée

4

Votre clé est en sécurité avec moi

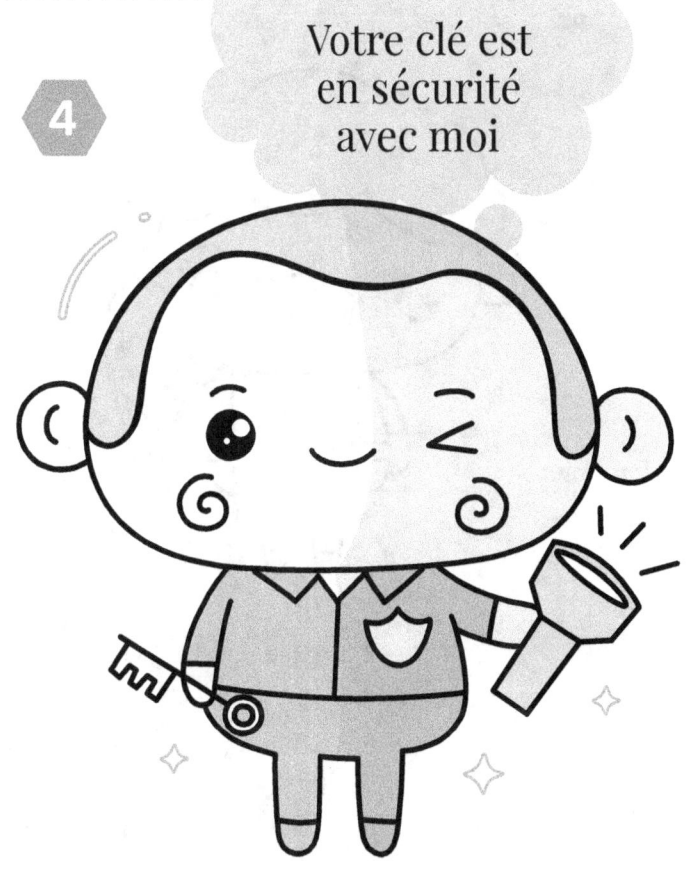

Utiliser des couleurs discrètes

VENDEUR
DE GLACES

1

Dessiner un cheveu en forme de nuage

2

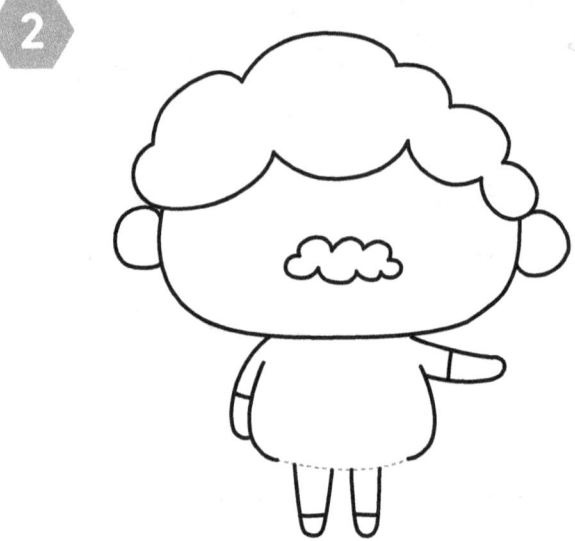

Le corps et un autre nuage pour la moustache

3

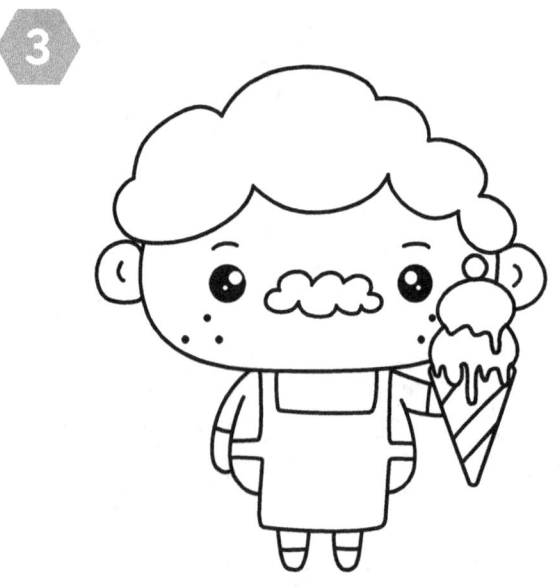

Exagérez la taille de la glace !

4

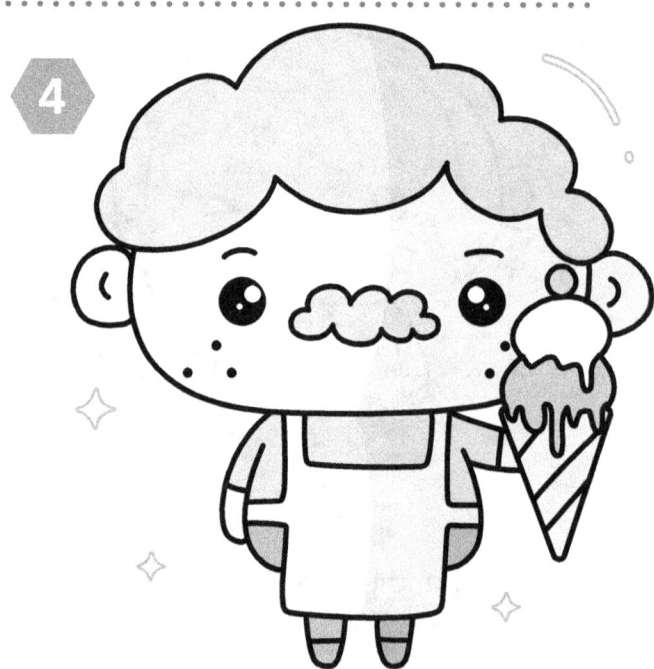

Peignez la glace avec votre parfum préféré

Les glaces italiennes sont délicieuses!

PRÉSIDENT

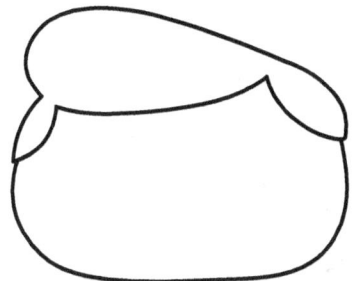

Dessinez un ovale de forme irrégulière pour faire les cheveux.

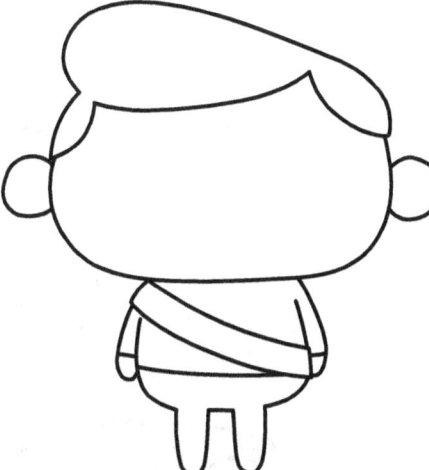

Maintenant le corps et une bande transversale

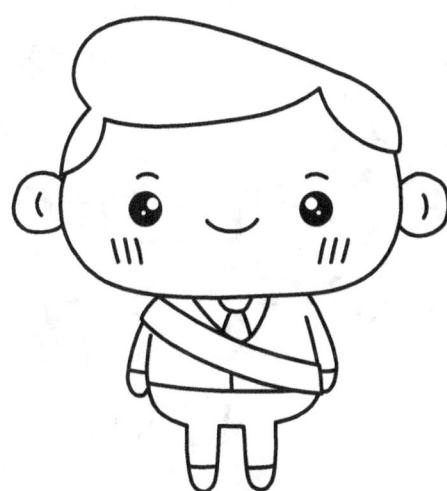

Dessinez les détails et un petit souriré

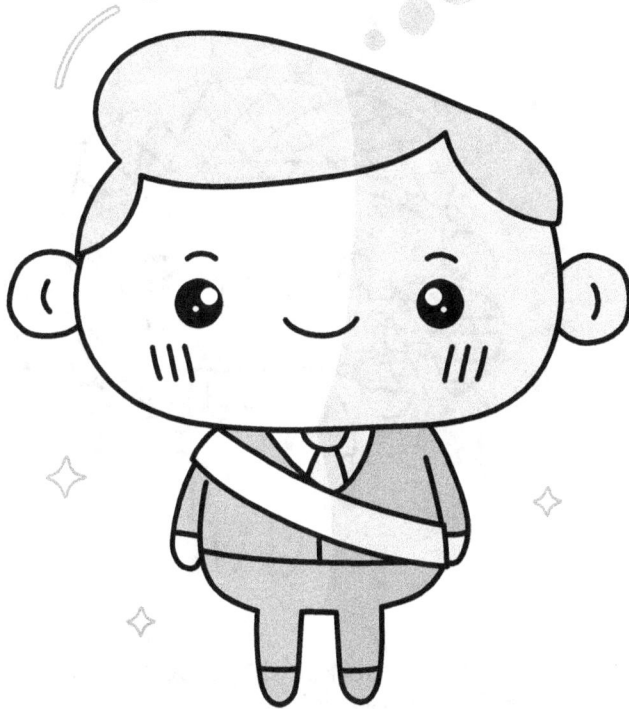

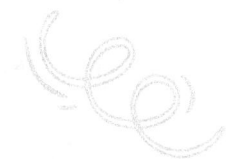

Je représente mon pays dans le monde

Peignez la ceinture présidentielle aux couleurs de votre pays.

BOUCHER

1

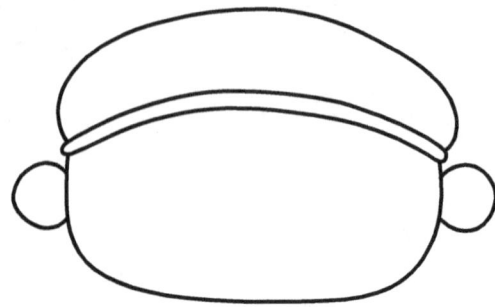

Commencer par une tête coiffée

2

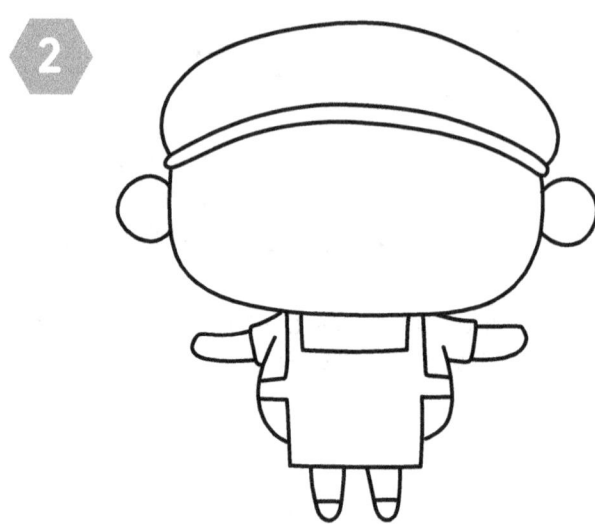

Les bouchers portent des tabliers.

3

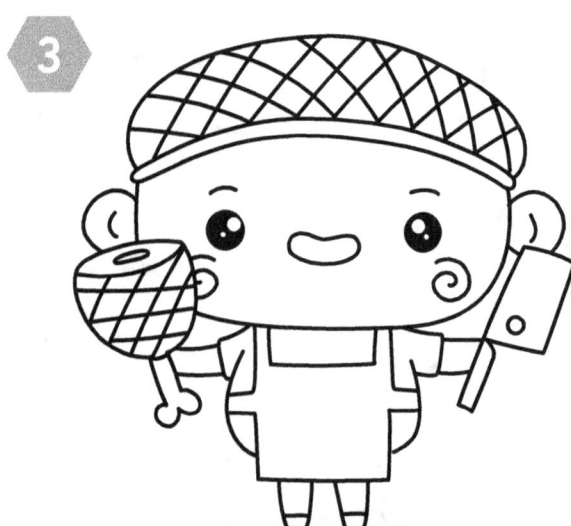

Un jambon, un couteau de boucher et beaucoup de lignes croisées

4

Manger de la viande rend fort

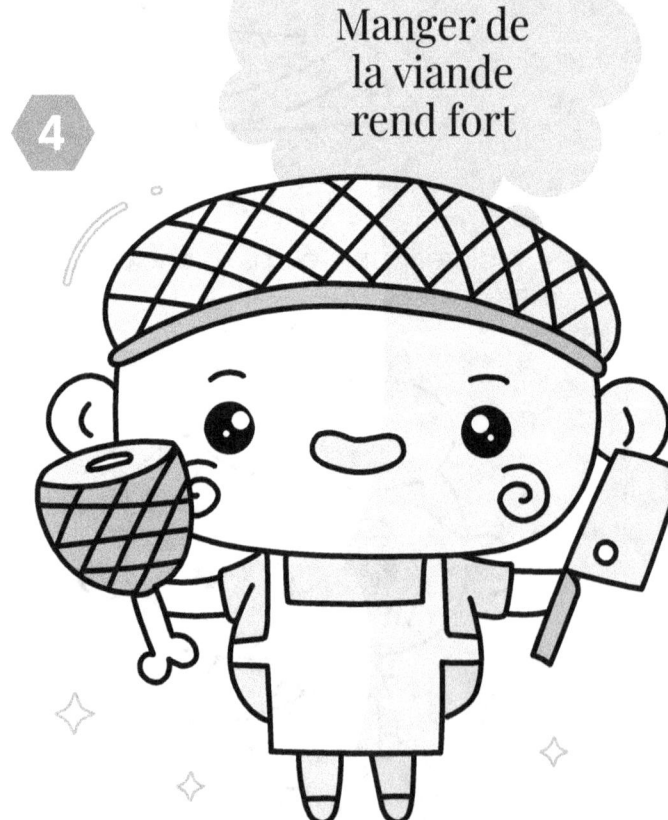

Peignons ! Le jambon est généralement rose à l'intérieur et brun à l'extérieur.

HÔTESSE
DE L'AIR

1

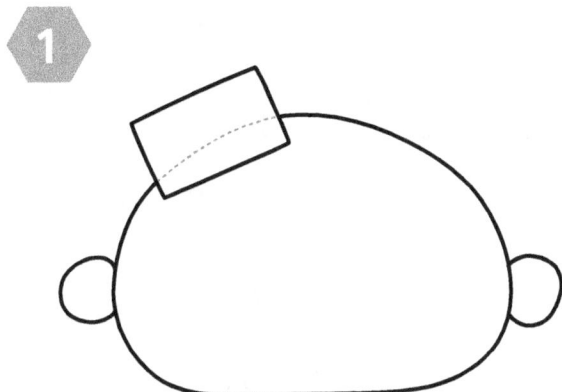

Dessinez la tête typique avec un carré sur le côté supérieur

2

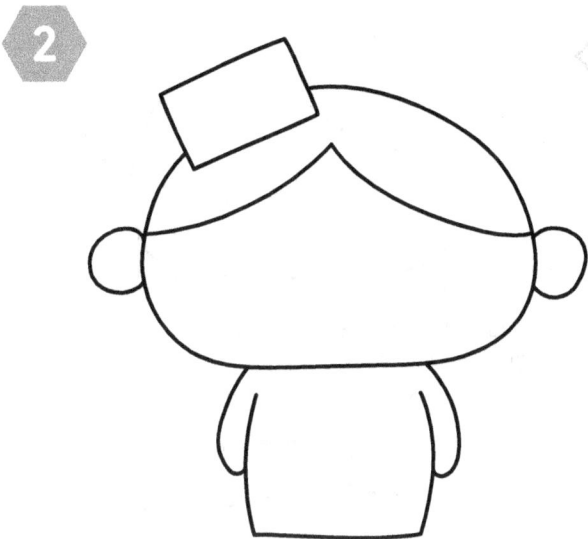

Maintenant la silhouette de l'uniforme en jupe

3

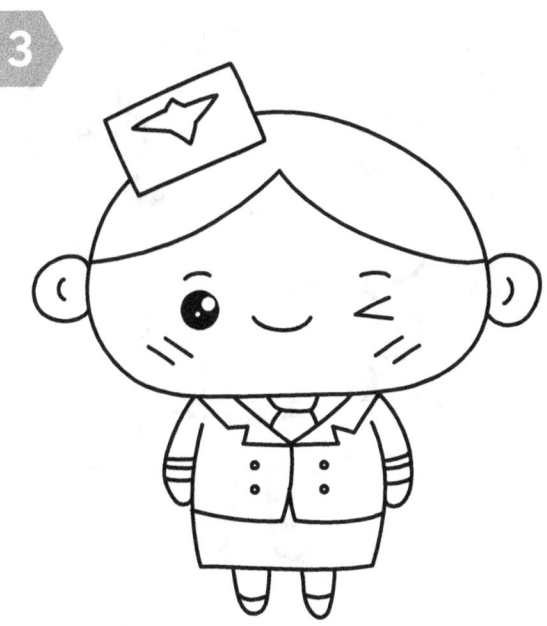

Ajouter de nombreux détails et un clin d'œil

4

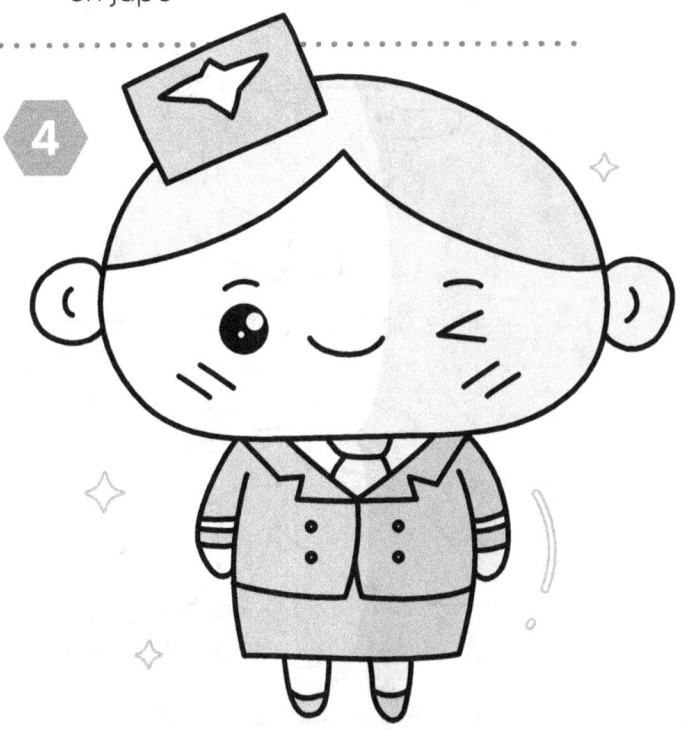

Le bleu marine reflète le sérieux et l'élégance

Ton voyage sera
parfait avec moi

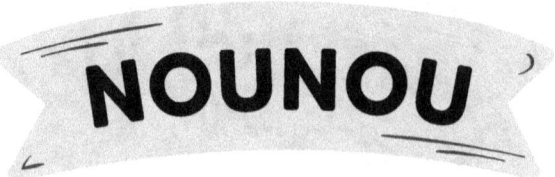

NOUNOU

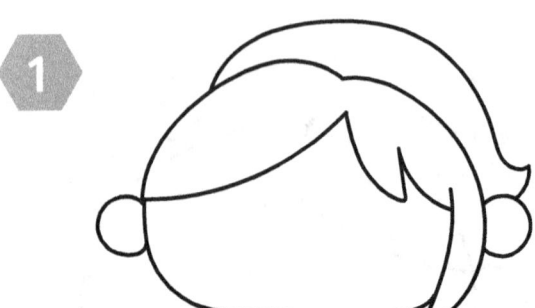

Les cheveux sont attachés en queue de cheval

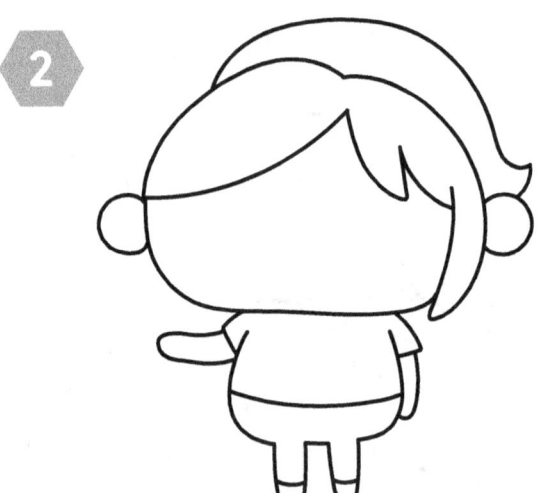

Dessinez un T-shirt et un pantalon

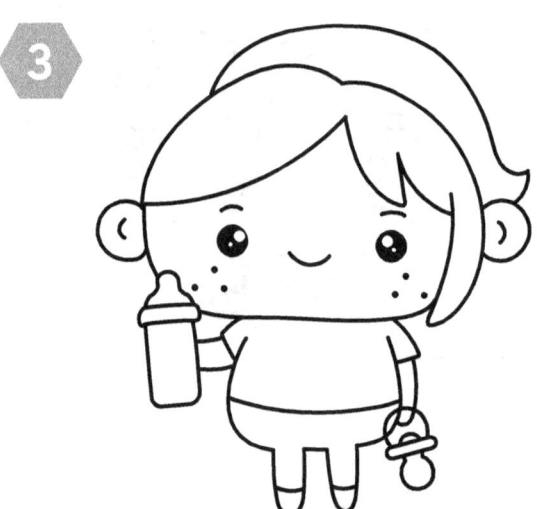

Ajoutez le biberon et la tétine!

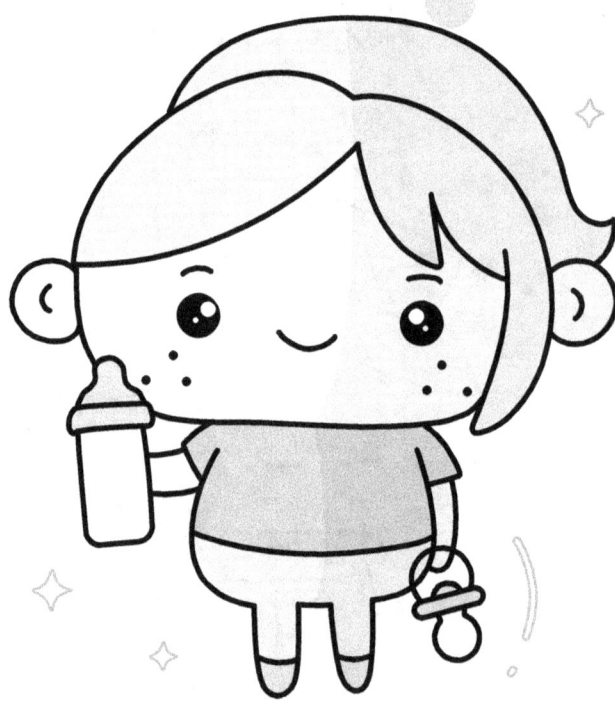

Soins aux bébés et aux jeunes enfants

Je recommande d'utiliser des couleurs pastel

DJ

 1

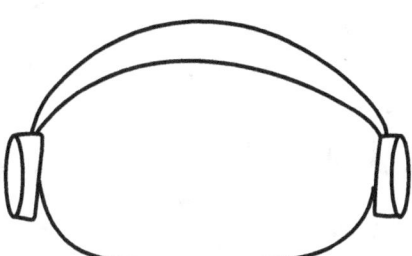

Commencez par des courbes pour la tête et les aides auditives.

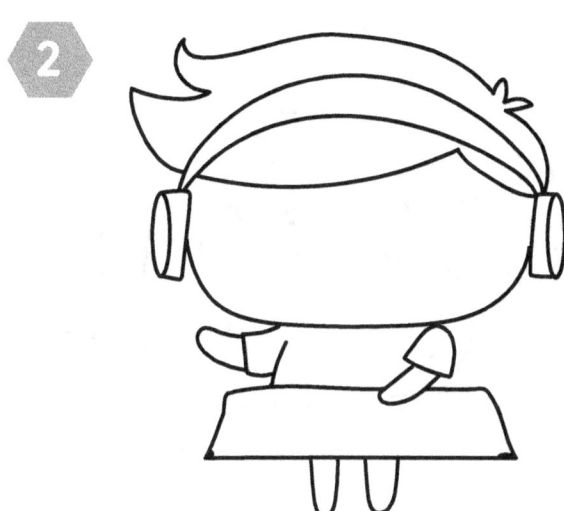 **2**

Des cheveux fous, des bras qui bougent et un rectangle en perspective

 3

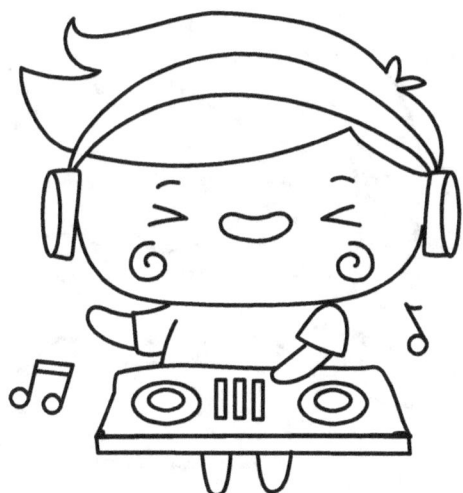

Inclut des jog wheels et des boutons pour le mixeur et des notes de musique!

4

Que la fête commence!

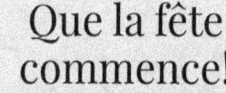
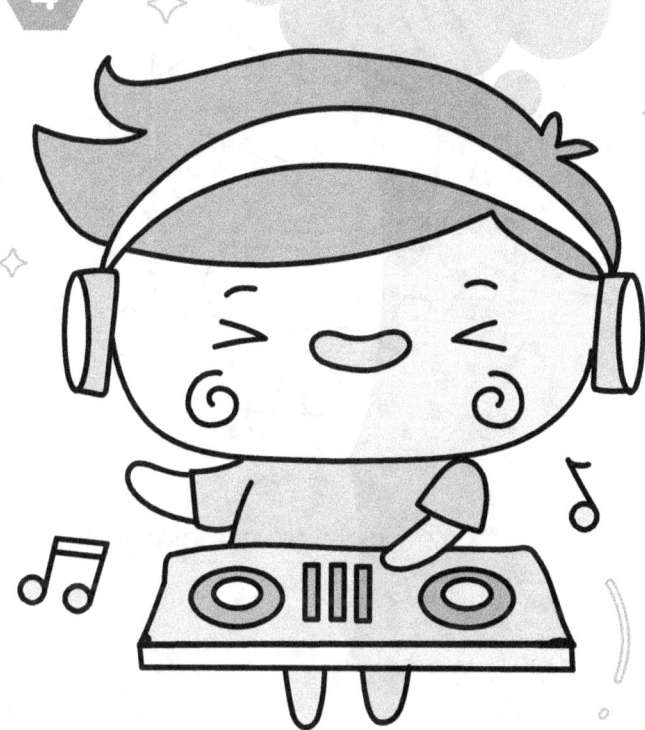

Peignons ! Choisissez des couleurs vives

MAQUILLEUSE

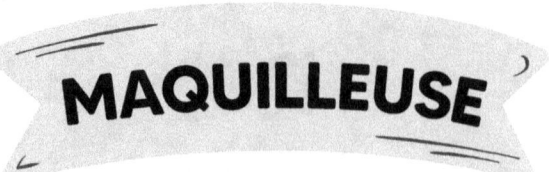

1

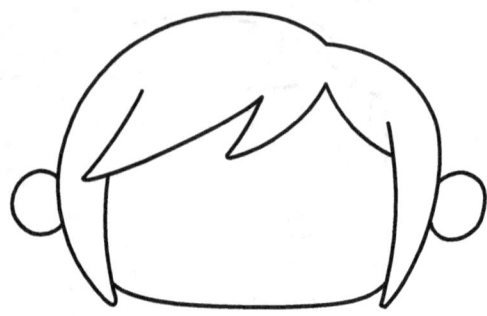

Dessiner une tête avec des franges modernes

2

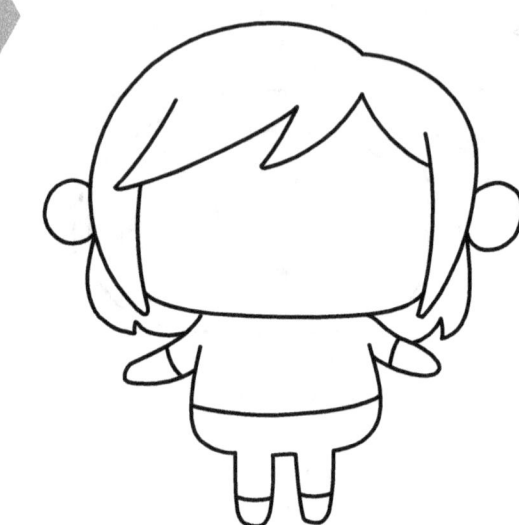

Poursuit avec la silhouette du corps et des cheveux.

3

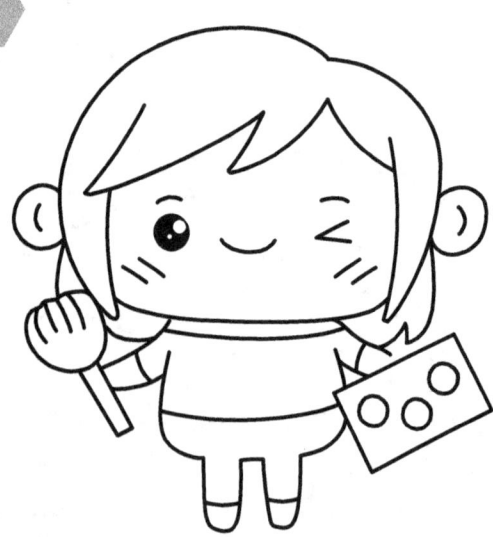

Le maquillage et le pinceau

4

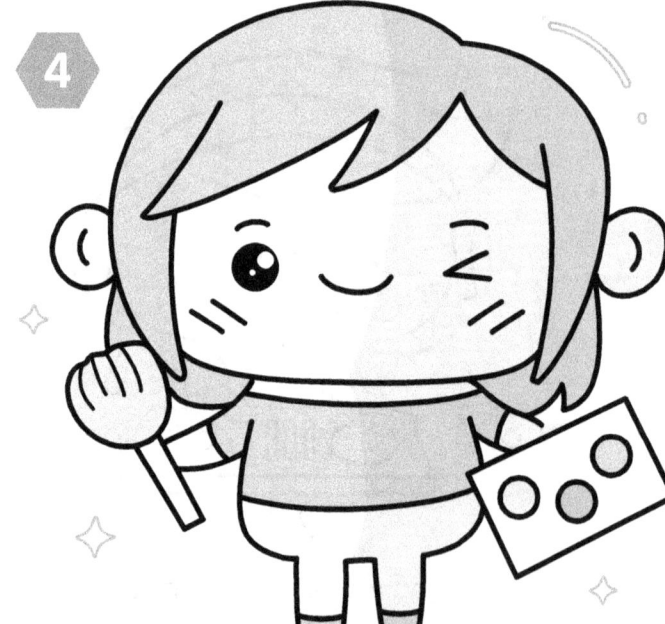

Il ne reste plus qu'à peindre !

Je mets
en valeur vos plus
beaux atouts

COMPTABLE

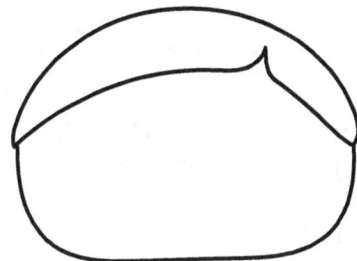

Crée une chevelure avec une coiffure très serrée

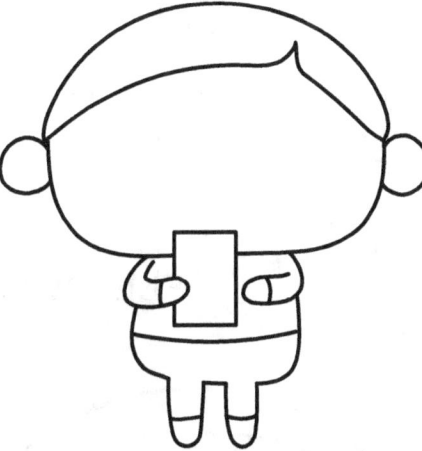

Dessinez le corps avec un rectangle au milieu.

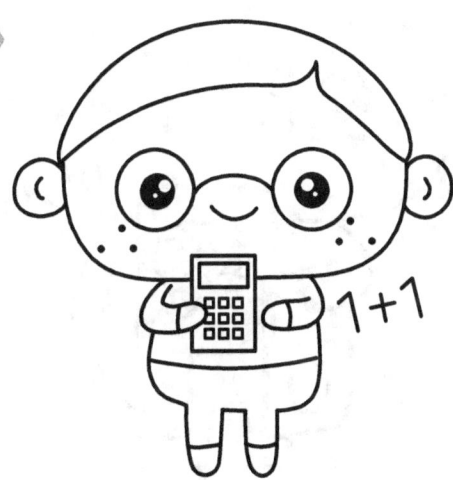

1 + 1 ? écrivez l'équation !

4

Je suis très douée pour les chiffres !

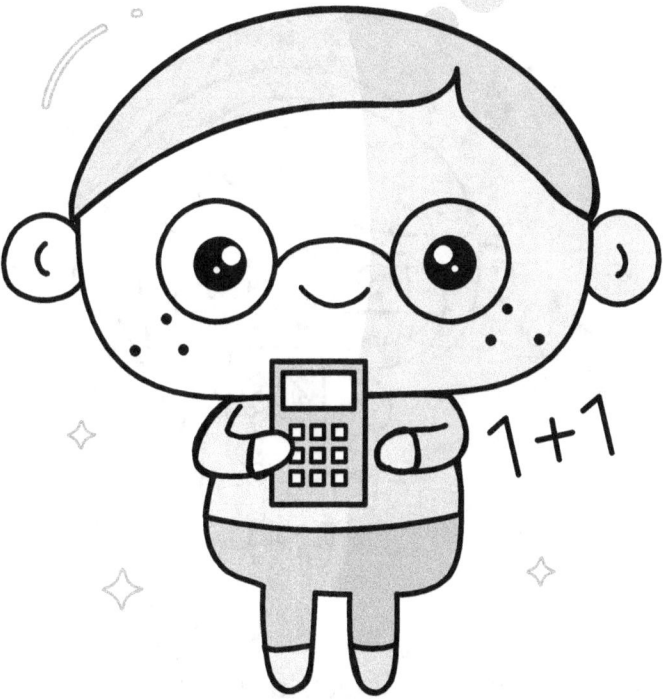

1+1

Peignons ! Utiliser des couleurs discrètes

PSYCHOLOGUE

1

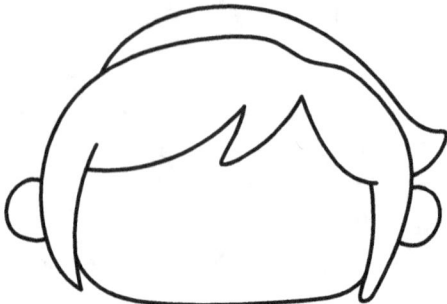

Créez votre personnage avec les cheveux en l'air

2

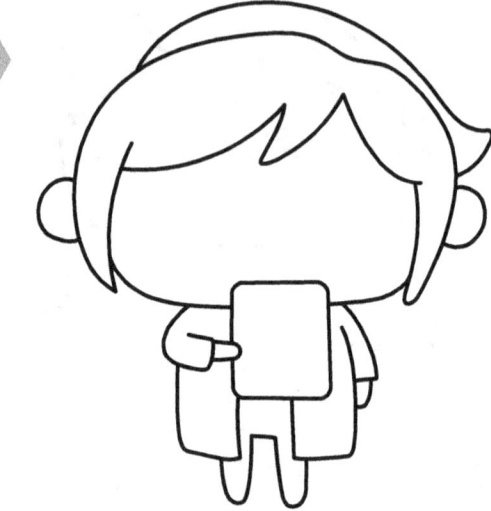

Dessinez la blouse et un rectangle au centre, qui sera un cahier.

3

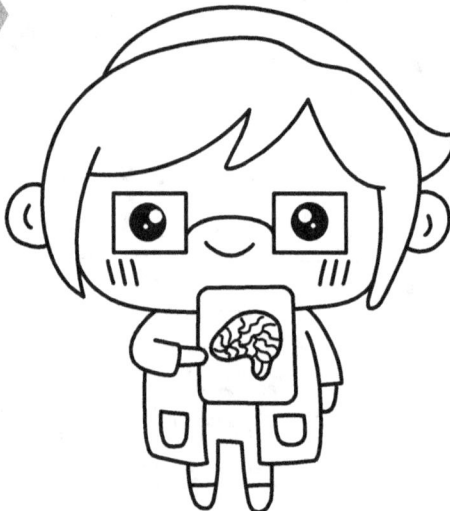

Illustrez un cerveau ou un cœur sur le cahier et ajoutez d'autres détails.

4

En savoir plus ...

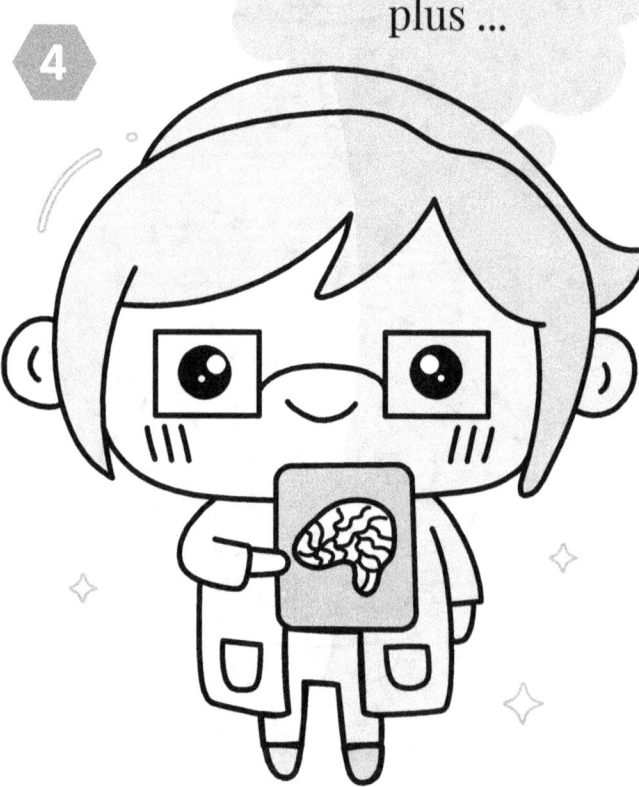

N'oubliez pas que la blouse est blanche

CAISSIER

 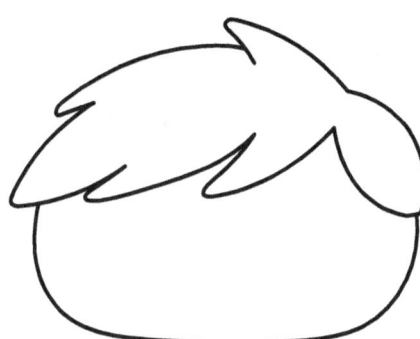

Créer une courbe avec des cheveux fournis

 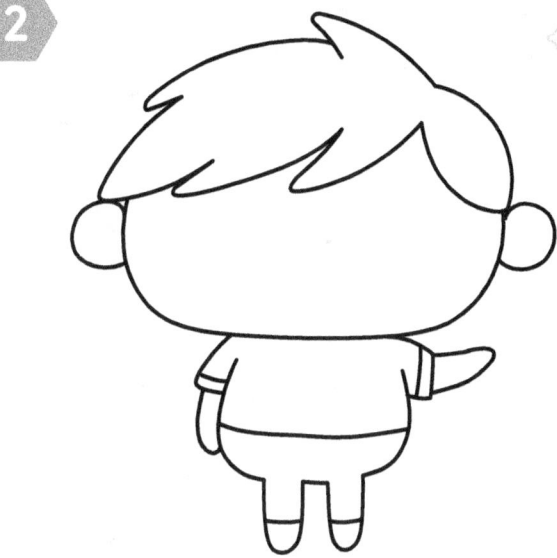

Maintenant le corps avec la chemise retroussée

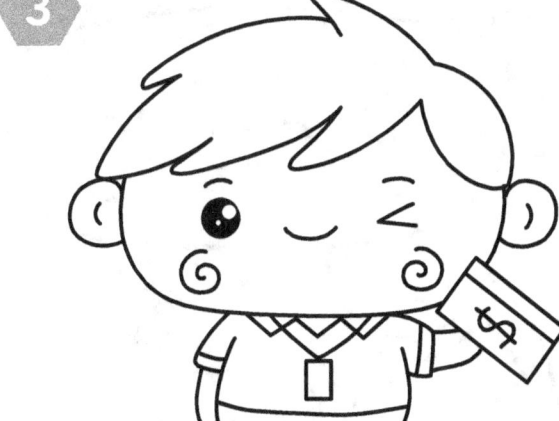

Il montre une carte dans sa main

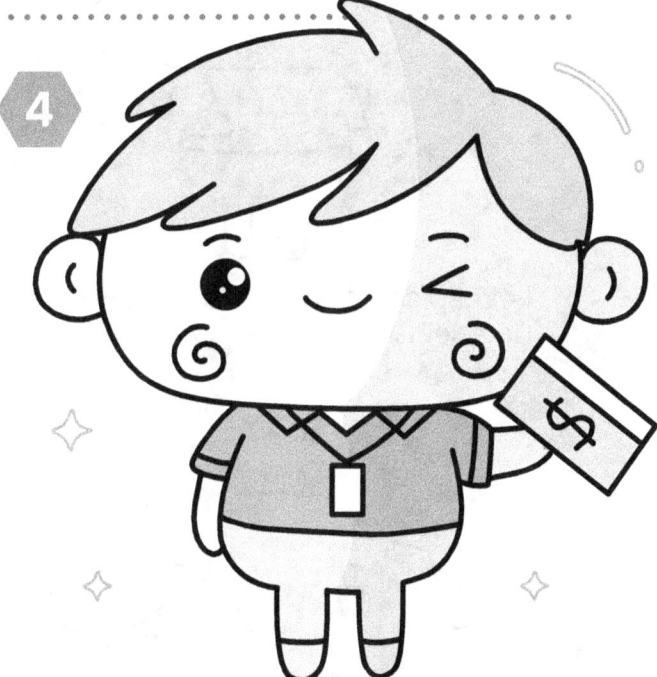

Utilisez les couleurs de votre choix

Je suis dans les magasins

MONTAGNARD

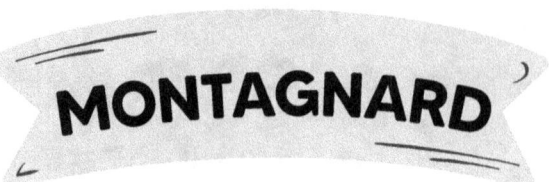

1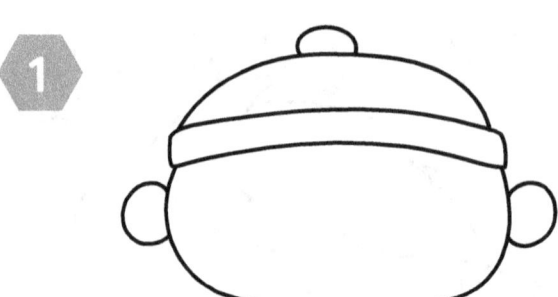

Dessine une tête et un chapeau avec un pompon

2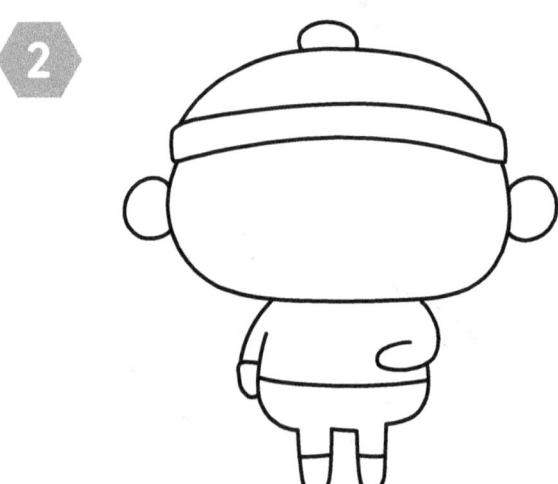

Faire le corps avec une main vers l'intérieur

3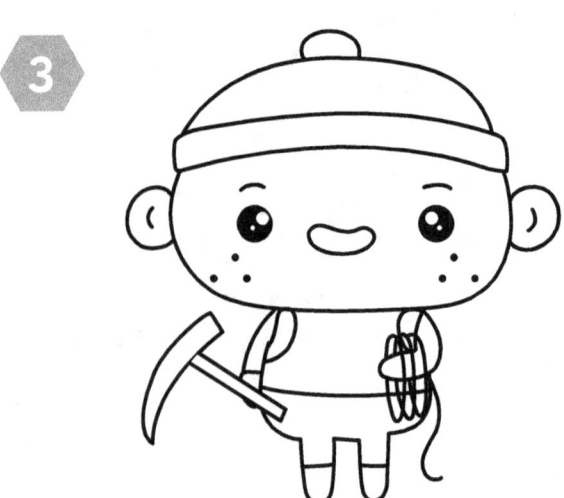

Ajouter une pioche, une corde et les bretelles du sac à dos

4

Chaque montagne est un nouveau défi

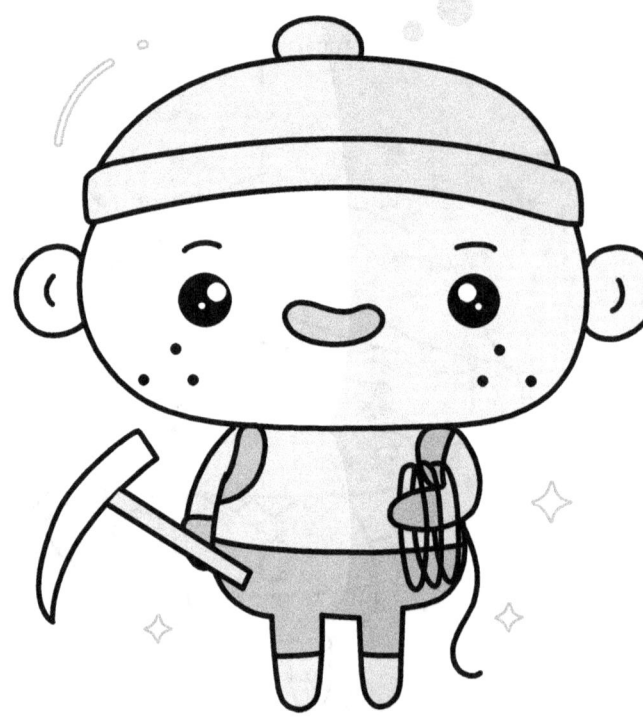

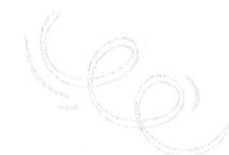

Utilisez des couleurs vives pour être bien vu depuis la montagne.

OPÉRATRICE TÉLÉPHONIQUE

1

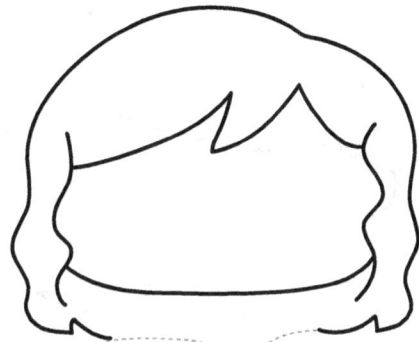

Dessiner des cheveux avec des lignes ondulées

2

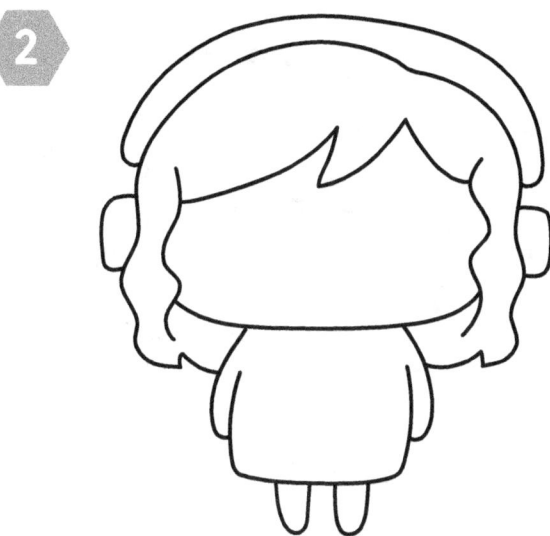

Commencer le dessin des aides auditives

3

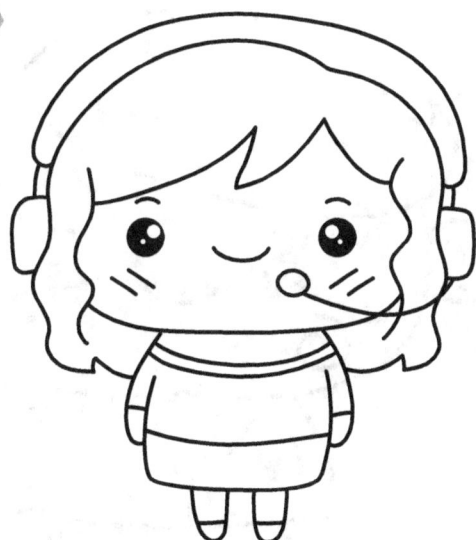

Finis la robe et fais-la sourire !

4

Je réponds à vos questions par téléphone

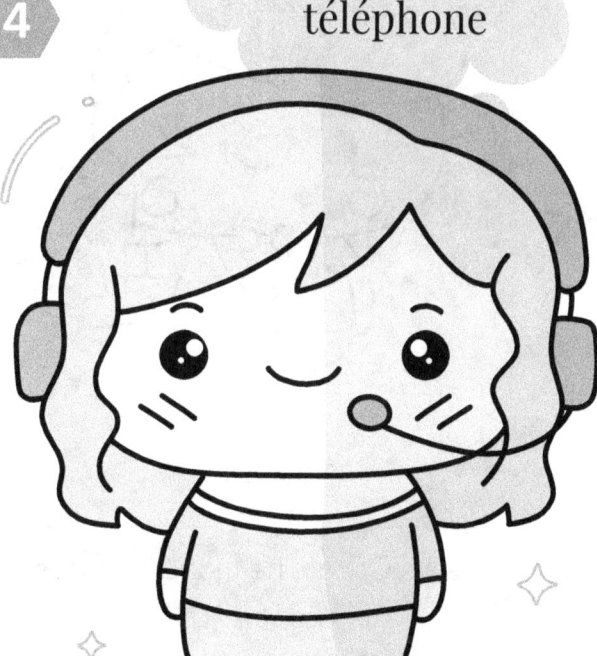

Utilisez des couleurs amusantes

ACTEUR

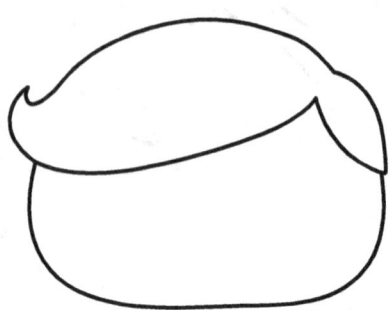

Dessine une tête bouclée

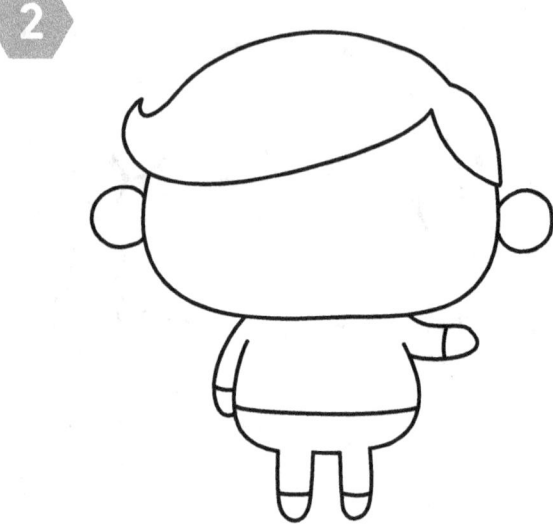

Dessiner la silhouette d'un corps arrondi

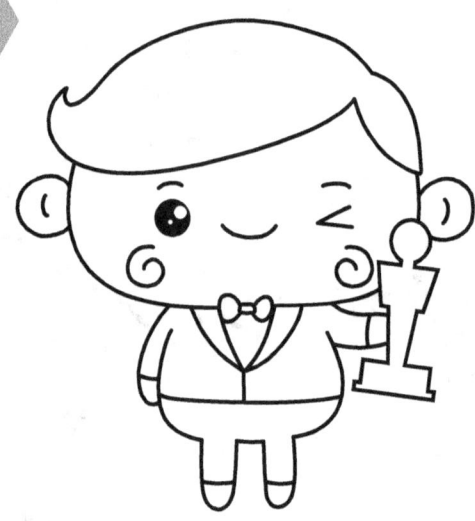

Que les Oscars ne manquent pas !

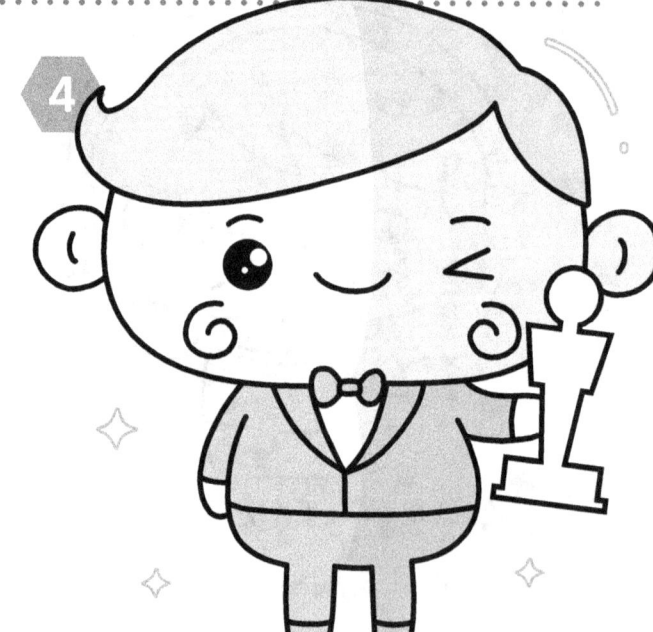

Peindre la statuette en jaune

Quel est votre
acteur préféré ?

FLEURISTE

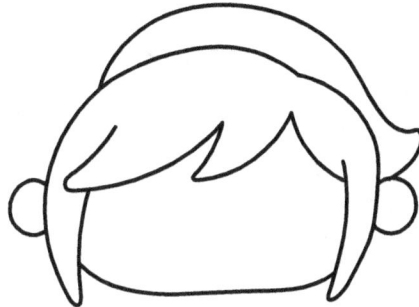

Dessiner une tête avec des franges et une queue de cheval

2

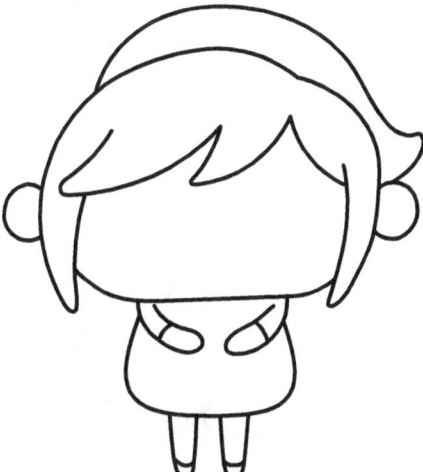

Maintenant les mains vers l'intérieur

3

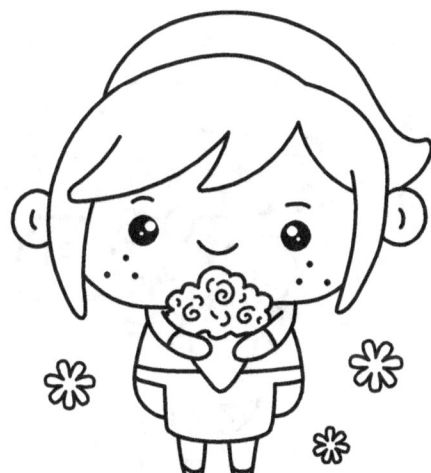

Ajoutez un joli bouquet de fleurs

4

J'adore mon travail !

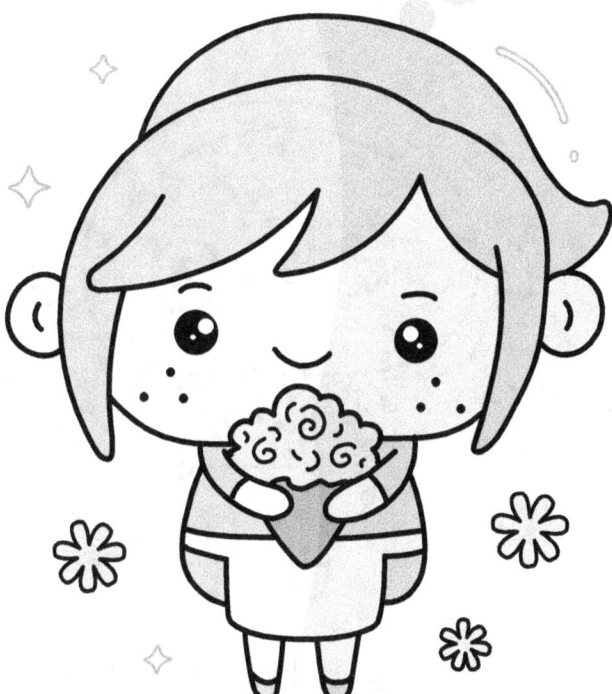

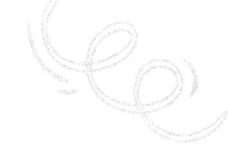

Choisissez des couleurs florales : jaunes, violets, bleus ...

MAJORDOME

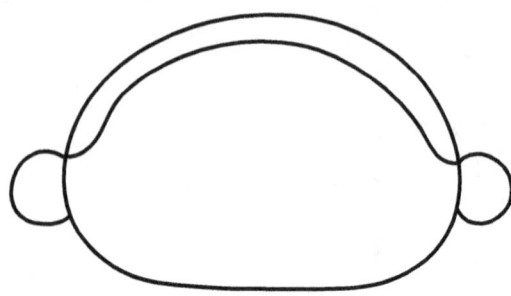

1

Dessine un cercle aplati avec des cheveux gominés

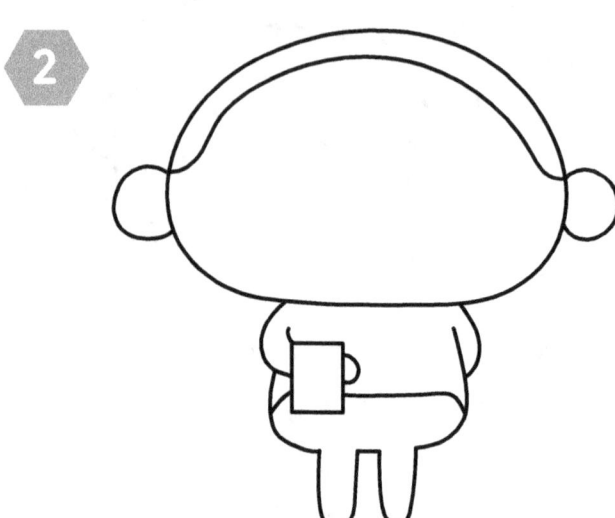

2

Dessinez le corps en tenant un rectangle, qui sera l'écharpe.

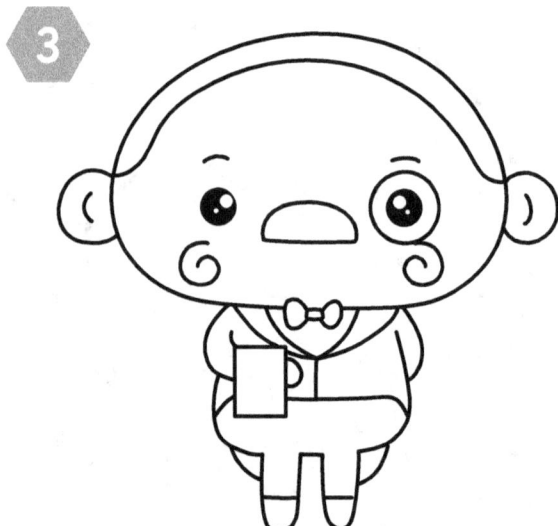

3

Maintenant, les détails du costume, du nœud papillon, de la moustache et du monocle.

4

Je suis discret, prudent et fiable

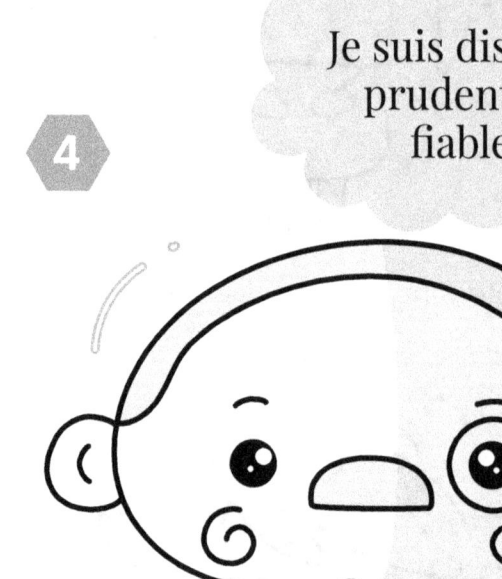

Choisis une couleur sombre et élégante

CHAUFFEUR-
LIVREUR

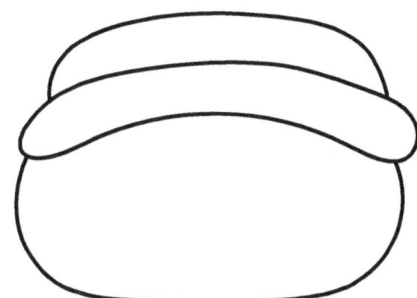

Dessiner 3 formes aplaties et arrondies

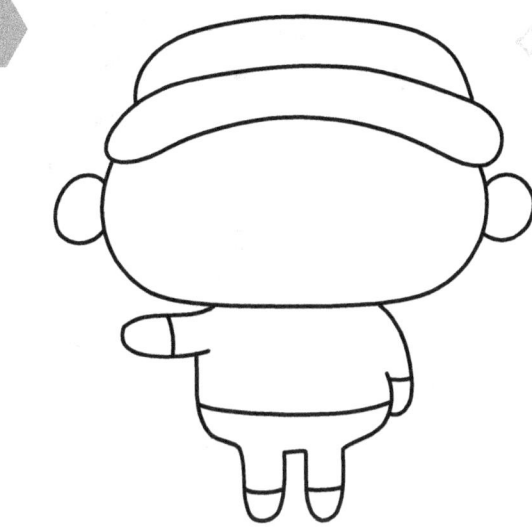

Maintenant la silhouette du corps avec un bras tendu

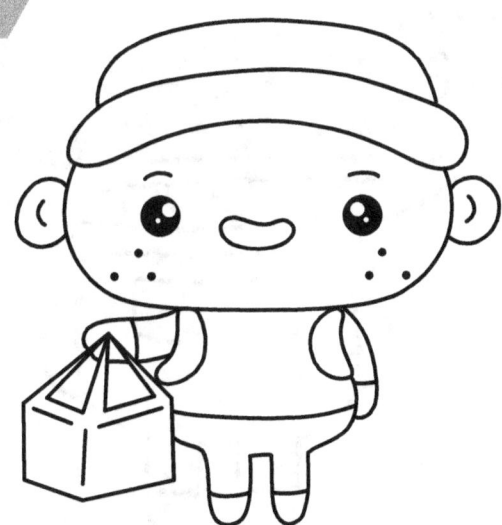

Ajoute un grand paquet dans la main et les bretelles du sac à dos

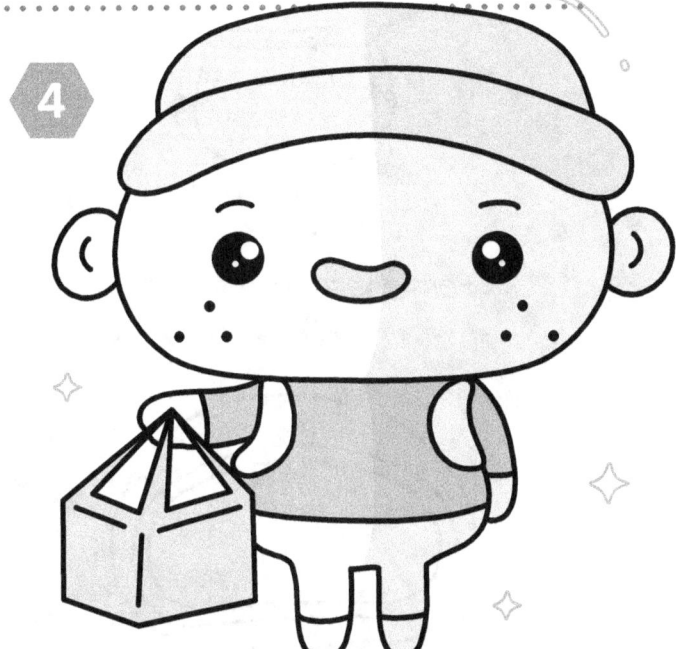

Peignons ! Choisis les couleurs que tu veux

Cuisine
chinoise ou italienne?

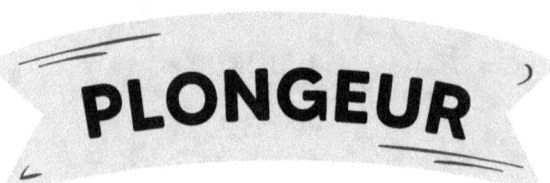

PLONGEUR

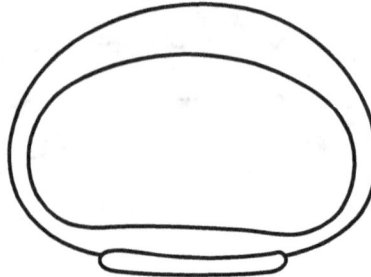

Dessinez 2 cercles écrasés

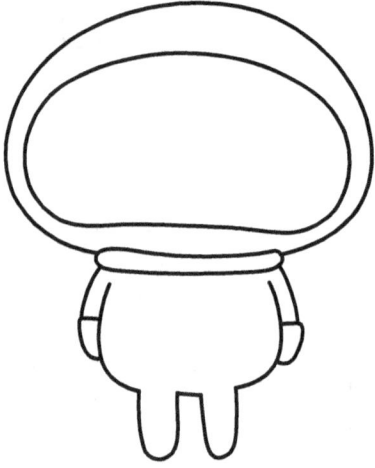

Forme le reste du corps

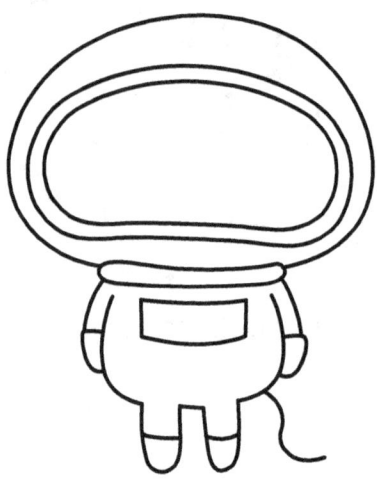

Ajoutez plus de détails ! Les yeux ne sont pas visibles

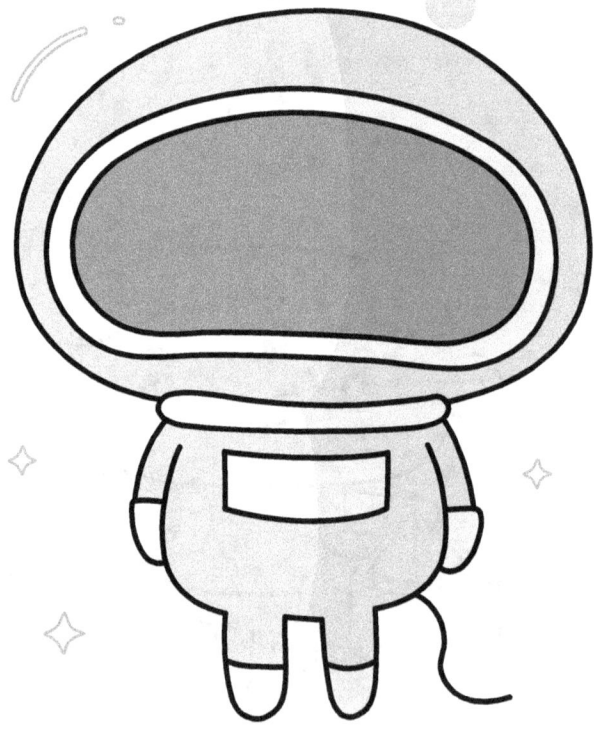

J'explore les mystères cachés sous la mer

Pourquoi pas un jaune ?

PHOTOGRAPHE

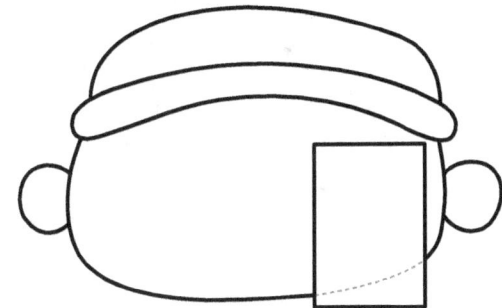

Créez la tête. Le carré sera la caméra

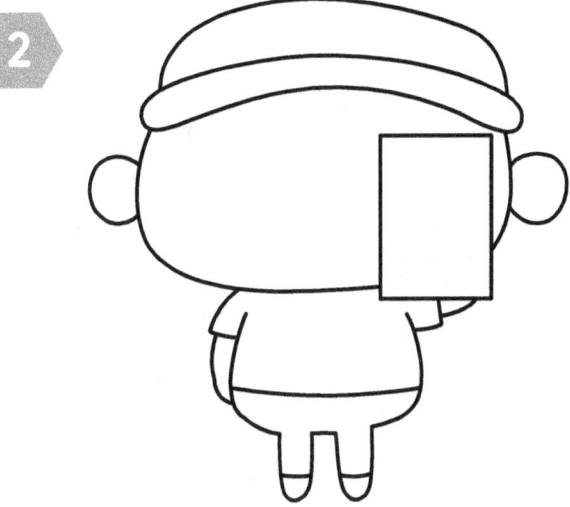

La suite ci-dessous, l'ensemble du corps

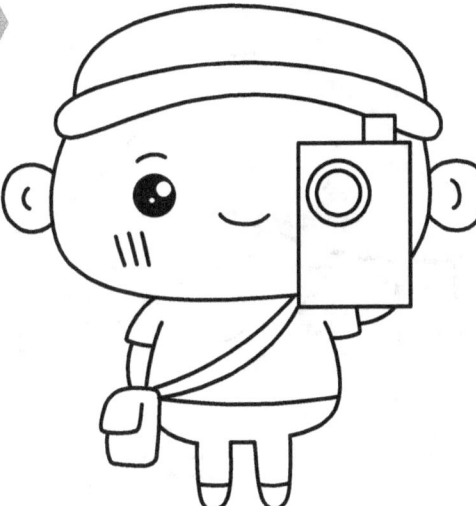

Finissez les détails de l'appareil photo et du sac à bandoulière.

J'enregistre des scènes de film

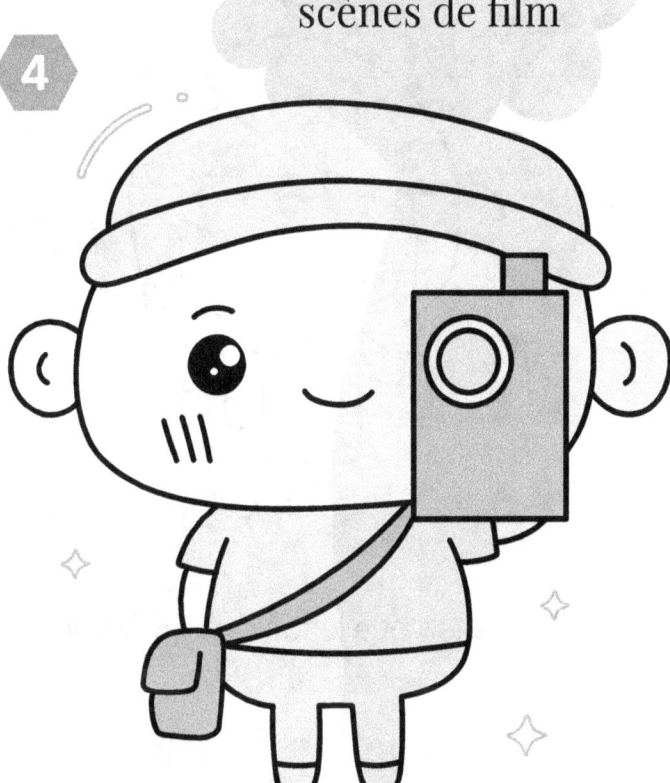

Et si vous peigniez l'appareil photo en noir?

COUTURIÈRE

1

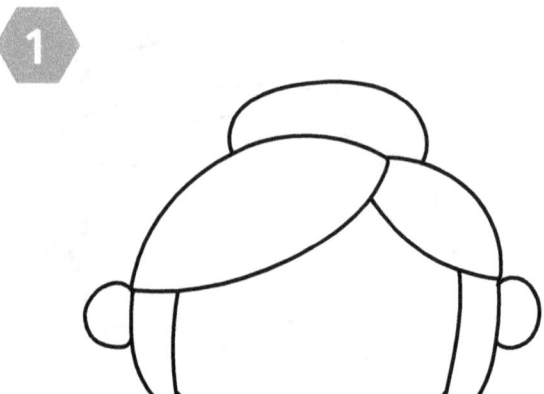

Dessinez le personnage avec les cheveux tirés vers l'arrière en un gros chignon.

2

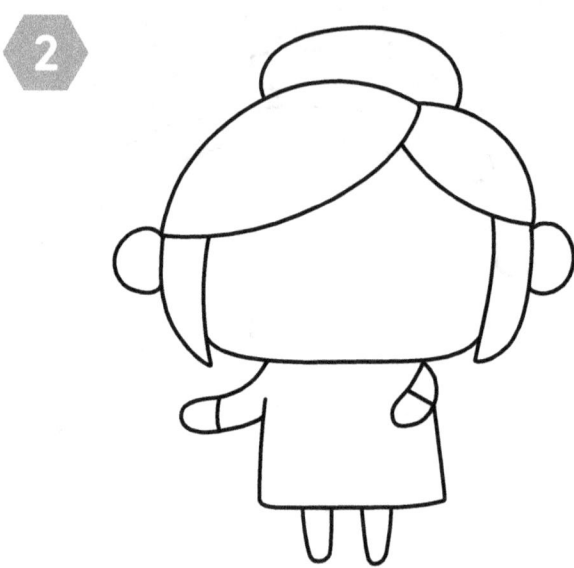

Maintenant une robe et des bras

3

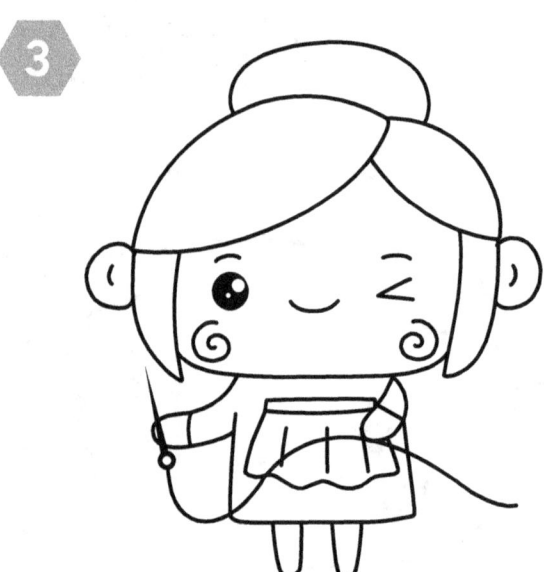

Détails tels que le tablier, l'aiguille et le fil

4

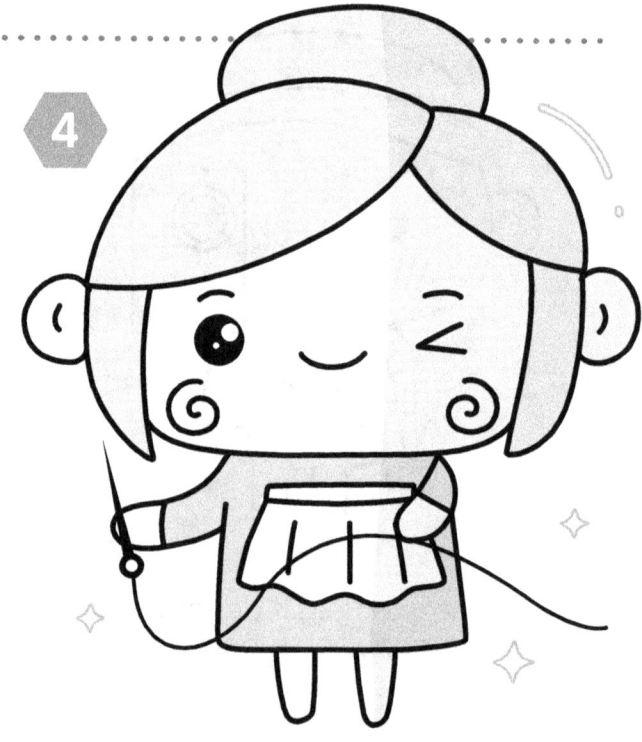

Quelle couleur voulez-vous utiliser ?

Du fil,
une aiguille
et patience

ANIMATEUR
DE SPECTACLES

1

Dessiner un chapeau haut de forme

2

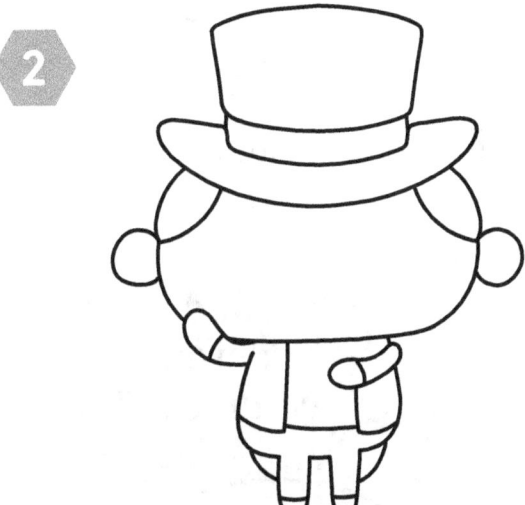

Habillez-le d'un smoking

3

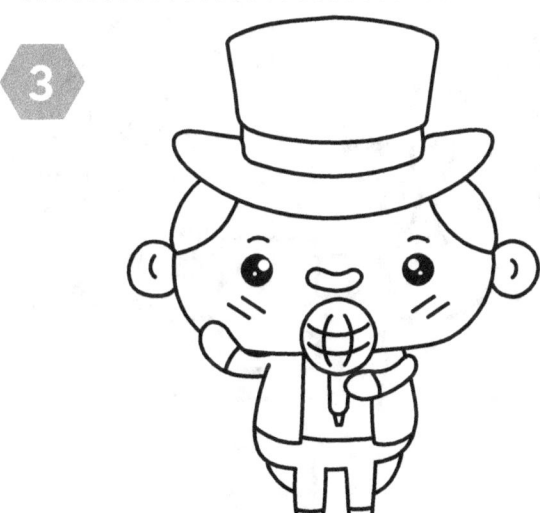

Le microphone manque

4

La fonction doit se poursuivre

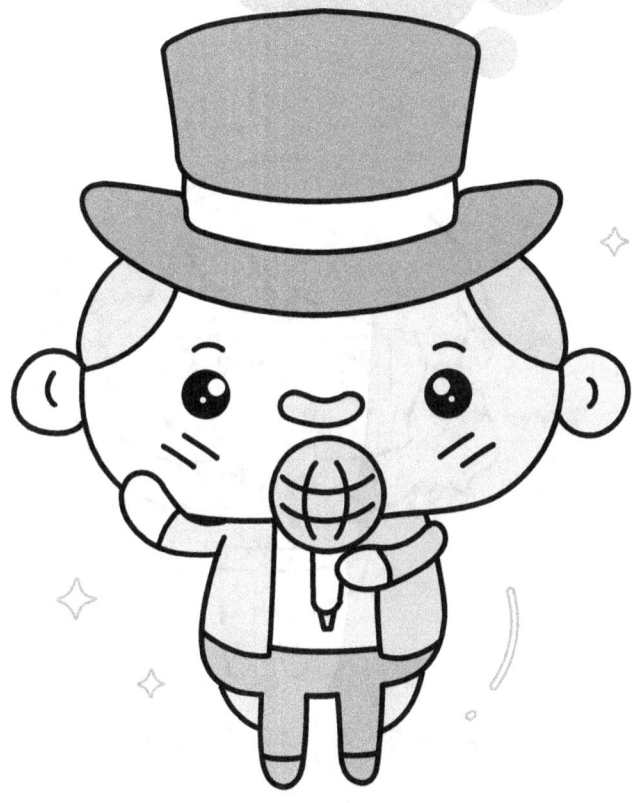

Choisissez des couleurs vives et magiques

ORGANISATRICE D'ÉVÉNEMENTS

1

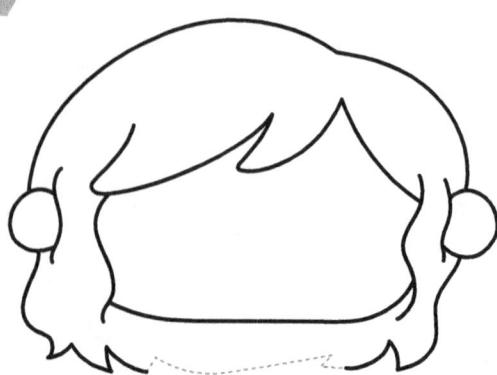

Commencez par les cheveux, la tête et deux petits cercles pour les oreilles.

2

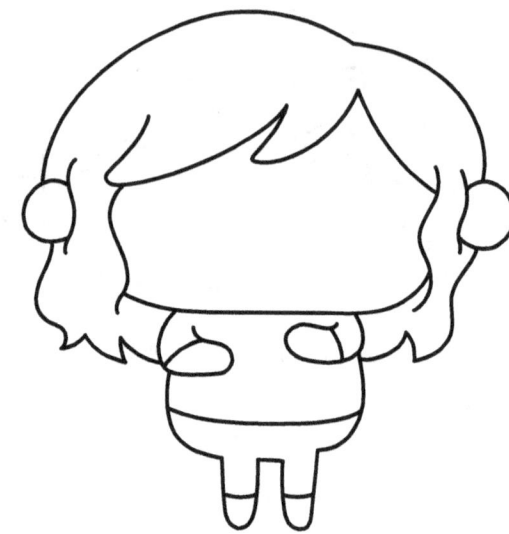

La suite le corps avec les mains vers l'intérieur

3

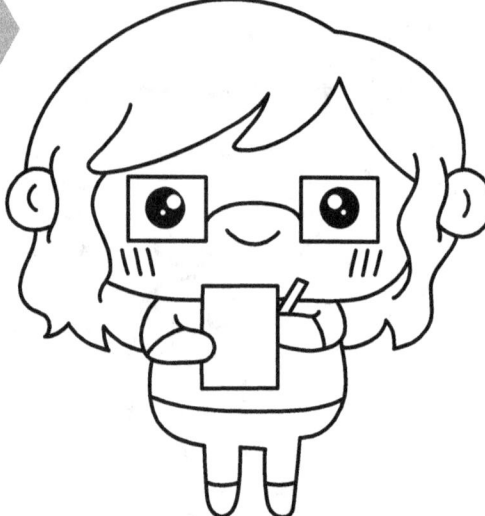

Le carnet et le stylo manquent

4

Tout doit se dérouler comme prévu

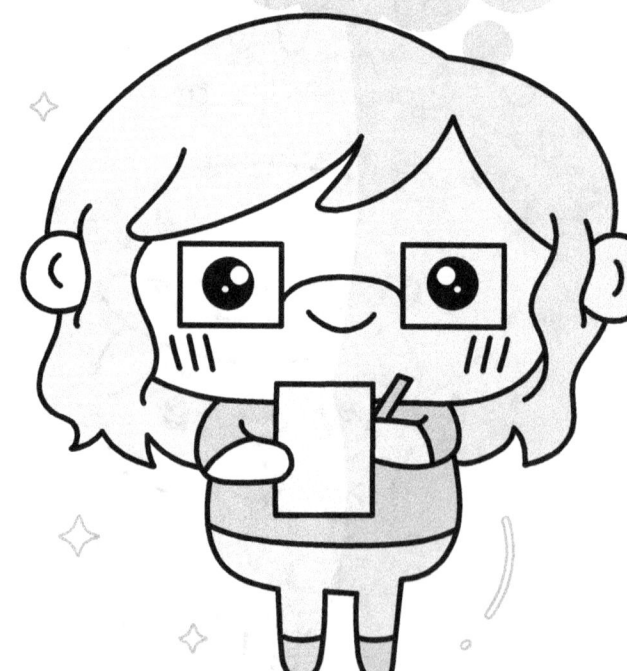

Utilisez des couleurs discrètes

CULTURISTE

1

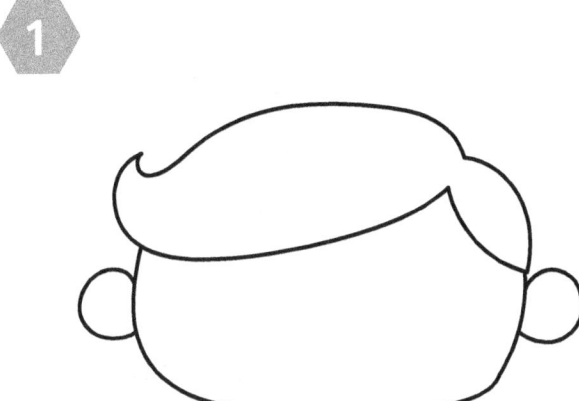

Faire une tête avec cheveu

2

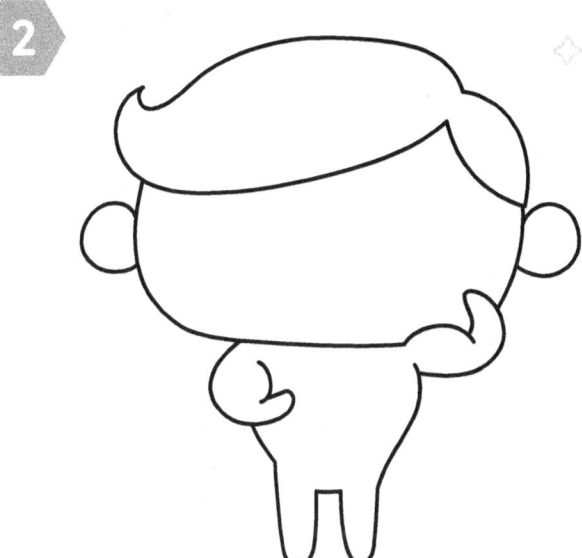

Dessinez un corps avec un torse fort et musclé.

3

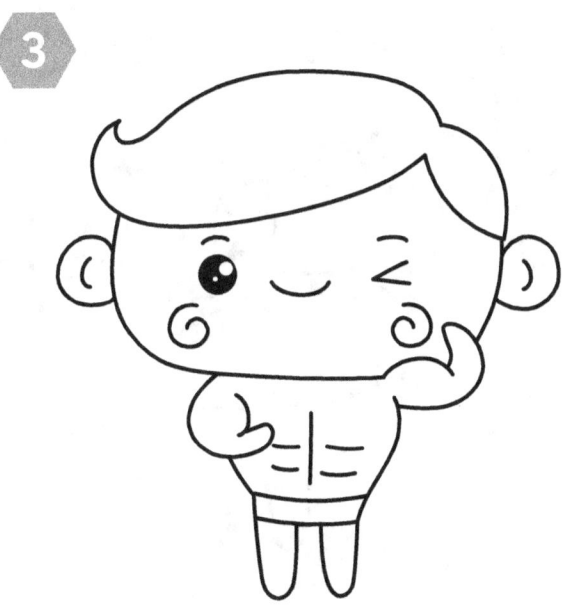

Marquez les muscles et faites-le sourire !

4

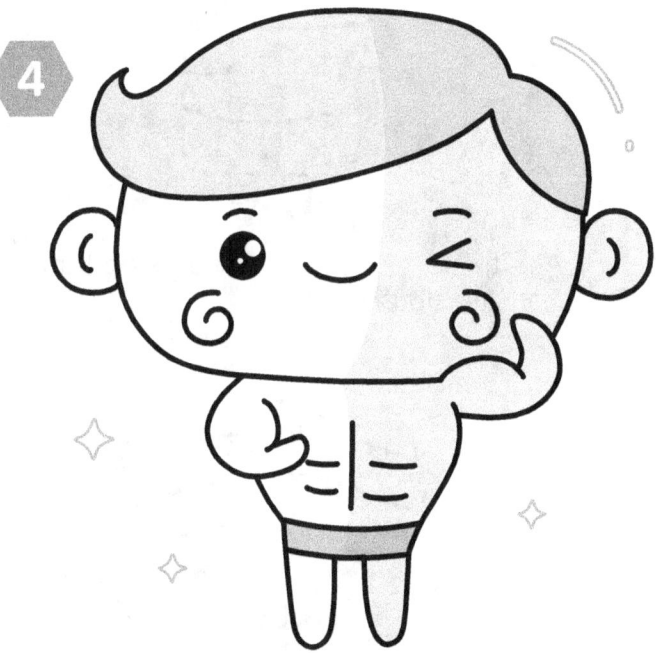

Quelle nuance de couleur chair allez-vous utiliser ?

On s'entraîne!

ENTRAÎNEUR

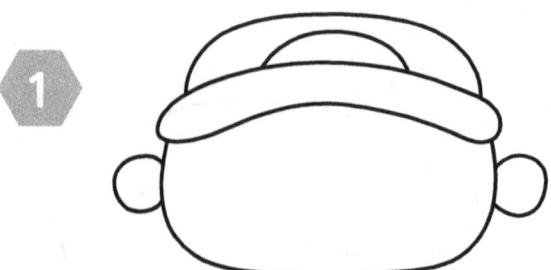

Dessinez des formes rondes pour la tête, les oreilles et le bonnet.

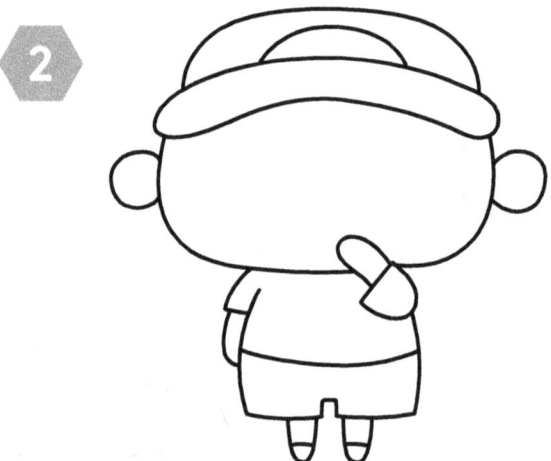

Ajoutez la silhouette du corps en tenant compte du pantalon.

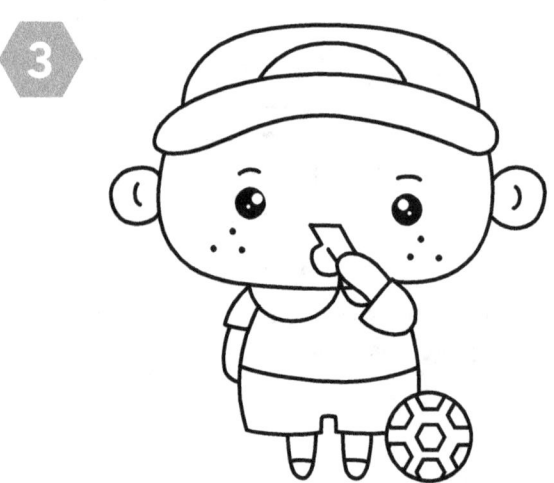

Il ne manque plus qu'un sifflet et, par exemple, un ballon de football.

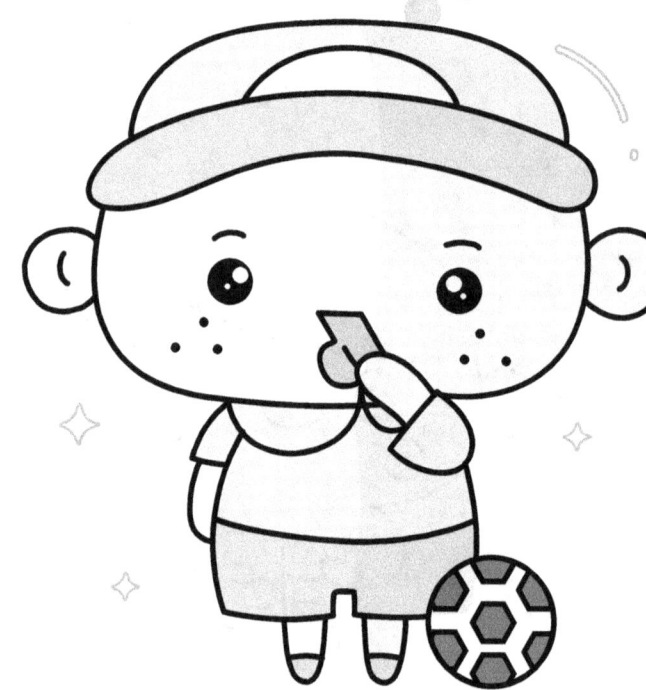

Je guide mon équipe vers ses objectifs

Vous pouvez le peindre en couleurs vives !

AVEZ-VOUS 30 SECONDES?

Nous serions ravis de lire vos impressions sur ce livre sur Amazon.
Pour laisser votre avis, scannez ce QR avec votre appareil photo mobile.
La page d'évaluation s'affichera dans votre navigateur.

Avant de nous laisser un avis négatif, donnez-nous une chance
de nous améliorer. Envoyez-nous un e-mail à:
hello@happylittlebrains.com et nous ferons de notre
mieux pour l'améliorer :)

BONUS **Pour obtenir le bonus,** scannez ce QR, également avec votre appareil
photo mobile, et vous le recevrez au format PDF.

TENDRE

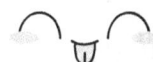
VOYOU

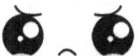
RANCUNIER

FIERTÉ

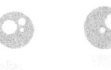
AFFAMÉE

EFFRAYER

ROUGIR

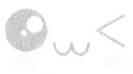
CLIN D'ŒIL

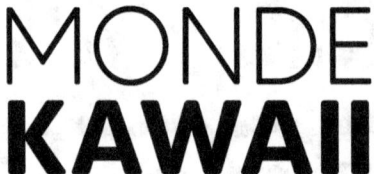

MONDE
KAWAII

COMPLÉTEZ VOTRE COLLECTION

Devenez un artiste! Il vous suffit d'un crayon et de suivre les instructions étape par étape dans chaque livre.

Vous apprendrez les bases du dessin kawaii, qui met l'accent sur les formes simples et arrondies, les visages avec de petits yeux et de douces expressions, et vous apprendrez à personnifier des objets inanimés.

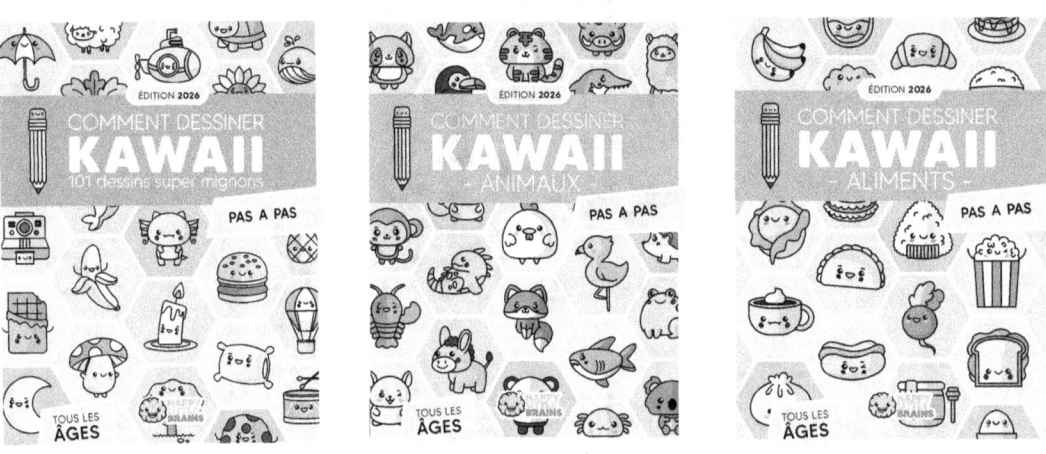

Apprenez à dessiner des personnes, des animaux, de la nourriture...

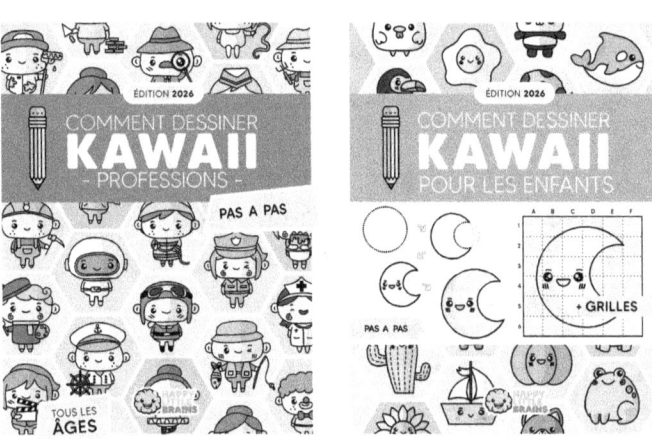

Regroupez les 5 livres de notre collection en 1 seul, et en couleur !

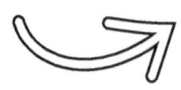

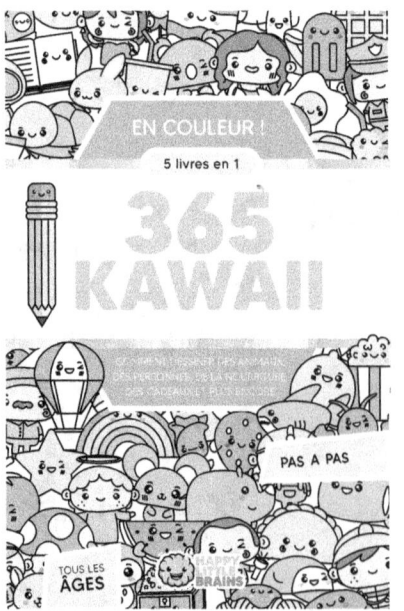

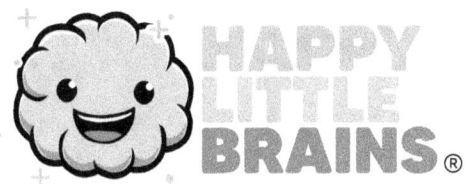

Retrouvez-nous sur Amazon.fr

| Livres ▾ | happy little brains | 🔍 |

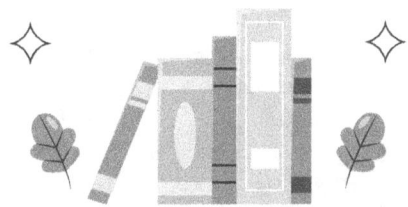